軽度発達障害児を育てる

ママと心理臨床家の４０００日

五十嵐一枝

北大路書房

目次

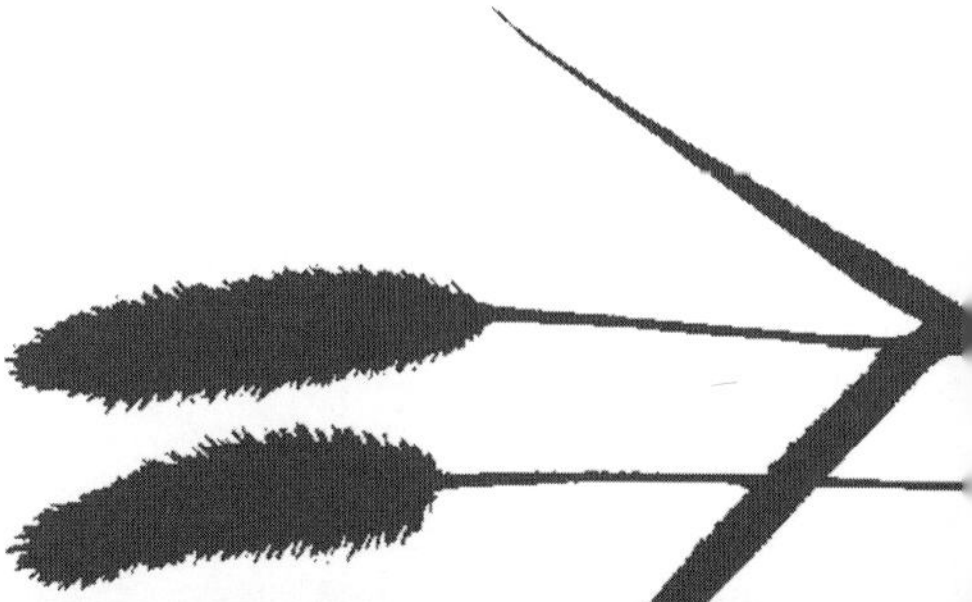

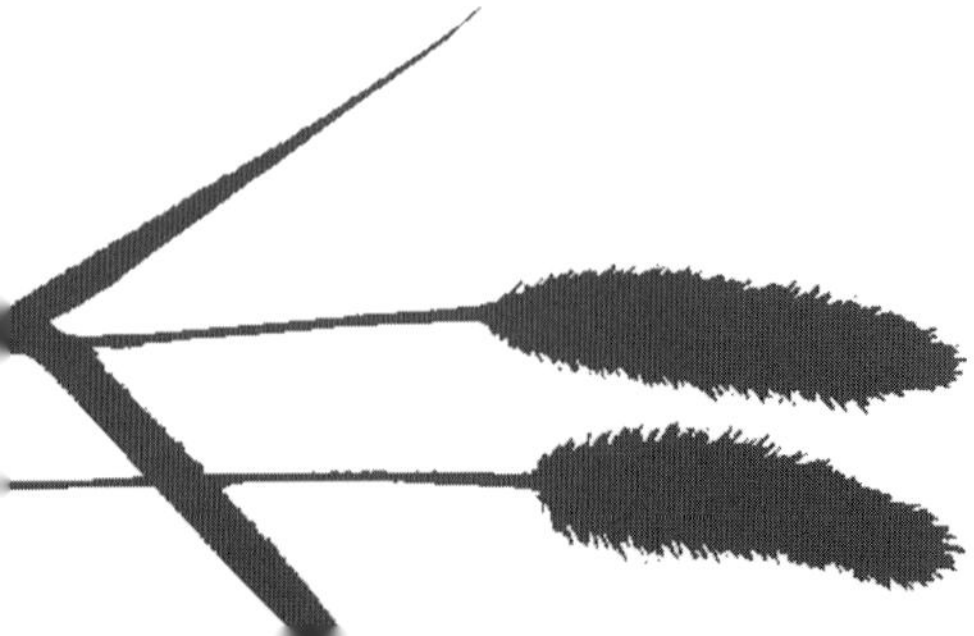

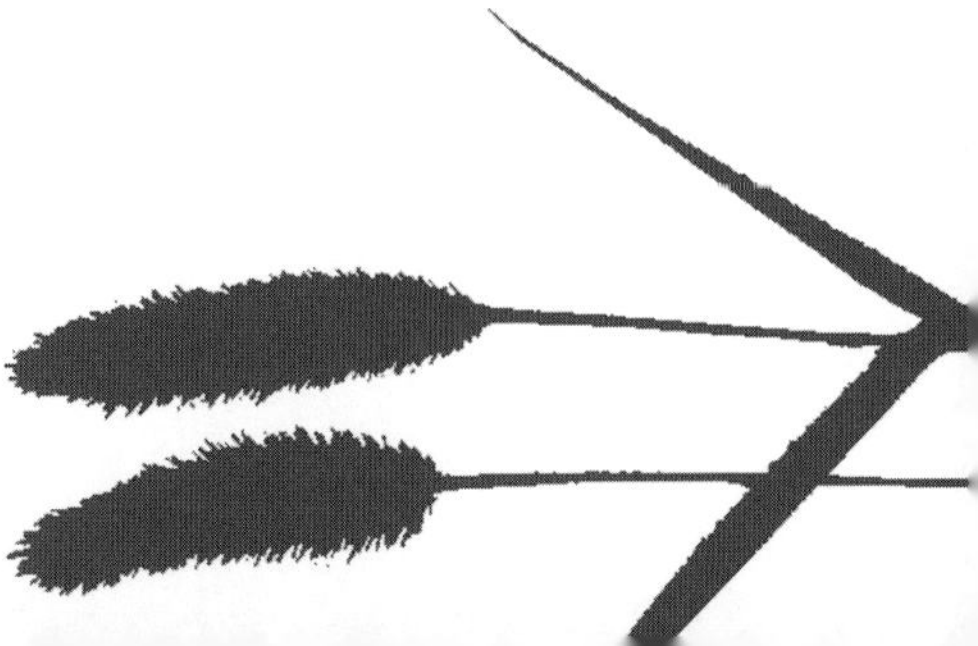

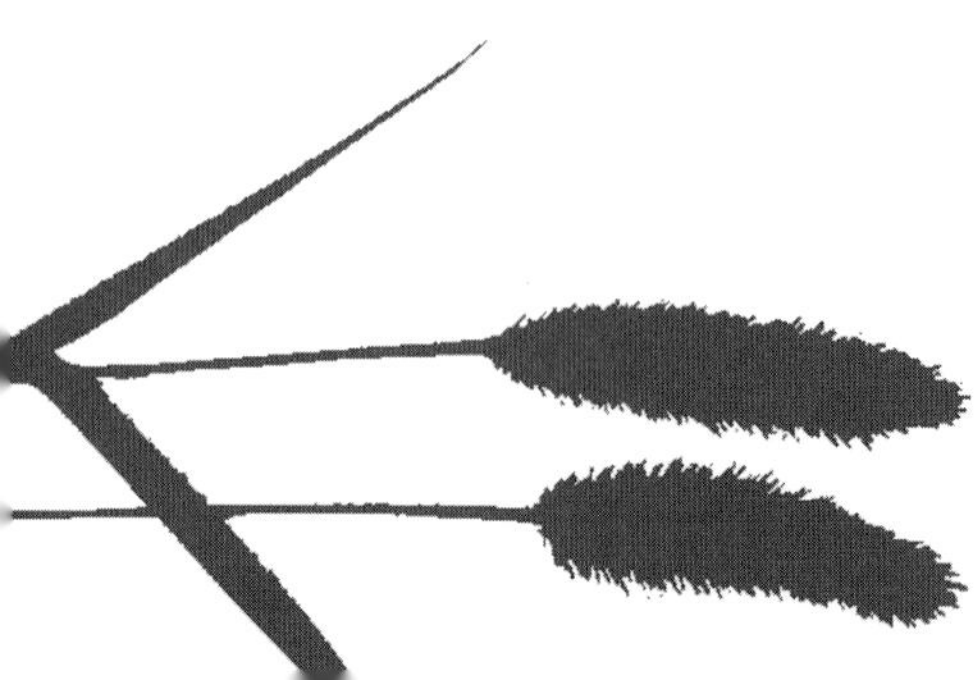

はじめに

　専門書の執筆をお世話いただいてきたある編集者から、本の企画のお話がありました。発達障害のいくつかの事例を紹介することによって、発達障害児の母親や、あるいはもっと一般の母親にも読んでもらえて子育ての参考になるような、日常に即したわかりやすい本の執筆を求められました。これまでに私が関わった発達障害児と母親の数はかなりの人数になりますが、事例として世に出すことの了解を求めるために、話を切り出せるケースはそう多くありません。長いおつきあい期間と、信頼形成がなければ話を切り出すことはできません。仮に信頼関係があっても、ケースによっては多くの人に向かって語れないことや、当事者にとっては語ってほしくないこともあります。一般向けの軽いタッチであろうとなかろうと、事例がもつ意味は重いのですから。

　私は発達障害児であるツーちゃんの母親のことを考えました。私たちの出会い、共通性、そして母親と心理臨床家であるのみならず、あるときは発達障害児を育てる同志としての一〇年以上にもわたる対話は、ファックスやメールやノートに記録され大切に保存されています。母

親は

発達障害を学ぶ学生の教育に使ってください。ツーや私の悩みと成長の真実をみんなに伝えて。

と言っています。母親の思いを大切にして、これらの対話を時系列でまとめて残しておきたいと思いました。

この機会に「発達障害児の母親と心理臨床家のやりとり」を本にしたいと伝えると、

なんでも協力するからどうぞ書いて。私に代わってしっかり書いて。

と母親は大賛成してくれました。こうして「ツーちゃんのママとの対話」を本にする企画がまとまりました。中心となるのはママと私の対話ですが、そのなかには当然ツーちゃんに関する事柄が出てきます。私は、登場人物は匿名であることと、本人が特定されないような配慮をすることを説明して、ツーちゃんに執筆の諾否を問いました。

ツーちゃんは覚えていないかもしれないけれど、小さいときからいろいろ大変なことがあって、ツーちゃんもママもとても困っていました。ママと私はどうしたらツーちゃんが楽しく生活できるかについてたくさんのお話をしてきました。いろいろ考え、話し合い、迷ったり失敗したり成功したりしました。ママや他の人たちがどんなことを考えてツーちゃんといっしょに頑張ってきたかを、ツーちゃんや他の人たちがあとで知ることは大事だと思います。そのために、ママと私が話したことを思い出して、できるだけ書き残しておきたいと思います。本のなかには、ツーちゃんに関することがたくさん出てきますが、ツーちゃんがそういうことを話したり書いたりしてほしくないと思えば書くことをやめにします。

ツーちゃんは少し考えてから言いました。

先生、書いていいです。私が小さかったときに母が苦労したことはなんとなく知っています。でも自分の小さいときのことはあまり覚えていません。書いてくれたら読んでみたいです。それから、他の自閉症の人やお母さんも読むと役に立つのでしょう?

さらに、ツーちゃん自身が時々そうであるように、悲しくつらい思いをすることがある自閉症の人のことが、みんなに理解してもらえるようにと、次のようにツーちゃんは提案しました。

ツーちゃん「先生、自閉症の子は、これからもふえますか?」
五十嵐「発生率がふえていくかどうかはわからないけど、いなくなりはしないでしょう」
ツーちゃん「私よりあとに自閉症が出ますか」
五十嵐「出ますね」
ツーちゃん「自閉症というタイプを、一般の人たちに常識として知ってほしいです。理解してもらえれば、これからの自閉症の人たちが少しでも楽になるでしょう」
五十嵐「ツーちゃんはそう思う?ツーちゃんが何を不愉快に感じたか、悔しいと思ったか、どんなときに泣きたくなったか、ということを、他人にお話ししてもいいってこと?」

ツーちゃん「そうです。私個人の名前ではなく、先生から一般の人に話してほしいです」
最近、感覚過敏のため集団のなかにいることがつらくなり、そのつらい思いが周囲に理解してもらえなくてツーちゃんが大パニックに陥ったあと、ママも同じ感想をツーちゃんから聞いたそうです。

自閉症を一般の人に常識として知ってほしい。

と。なんと言ったらいいのでしょうか。幼いころからの母親の養育、療育や治療教育、学校教育、塾での補習、そういった多くの方向からの情報を集積した個々の島が、高さと複雑さをともなって大きな列島へと構築されていくようすが、私たちの眼前に鮮明に見えてきたのです。

音をたてて頭のなかの構造が動いている、と思いました。これまでは島状に点在していたけれどもつながりのなかった事柄が、ただ隣りどうしがつながるのではなく、複雑にねじれあって深まっていく。

とママはツーちゃんの変化を表現しています。さすがに鋭く的確な表現で感心しました。

本書は、養育者である母親と発達臨床の専門家が、一人の発達障害児の幼児期から思春期までの発達をめぐって交わしてきた対話そのものです。母親も私も、手探りしながら、一人のいわゆる軽度発達障害児の成長を促し見守ってきました。一〇年以上の歳月を経た現在、その子は、私たちの想像を超えて素晴らしい発達を見せています。一〇年あまりの「ツーちゃんのママ」と私の対話から見えてくることは、私たち三人だけではなく、これから軽度発達障害児を育てる母親と臨床家にとって、さらに子どもを育てるすべての親にとって、きっとゆるぎない指標と希望をもたらすであろうと確信して、本書を世に出したいと思います。

I　わが子は発達障害かもしれない

一　これまでまったく知らなかったタイプの障害

ツーちゃんのママとの出会いはちょっと劇的なものです。

ある大学で障害児教育論を教えておられたY先生は、日本の知的障害児・者の実践的研究の草分けの時期に活躍された方です。私は門下生ではないのですが、縁あって先生と出会い、義務教育終了後の障害児・者の支援に関して初めて実践的勉強をさせてもらいました。Y先生は、大学での教育活動と並行して障害者の自立に向けた支援活動を行なっておられました。その一環としてパン工房の立ち上げや販売を精力的に支援されており、私もその端っこに加わらせていただいて、パンの袋を担いで夕方の繁華街に売りに行くお手伝いをしました。その道すがら、あるいは完売後のちょっと一杯の合間に、障害児教育の理論と実践の両輪についての熱いお話に耳を傾けました。その後先生が急死され、何年かたっていました。

ある地方の小児神経科のクリニックにツーちゃんのママが彼女を連れて相談に来ました。私はそのクリニックの臨床心理士として、ツーちゃんとツーちゃんのママに初めて出会います。ツーちゃんは髪が長く目が大きいかわいいお顔で、ママが選んだという素敵な子供服が似合っていました。初対面の私と視線はしっかり合いますがすぐに周囲の他の対象のほうに移動し、見つけた物で遊ぶのかなと思うとそうではなく、次の瞬間には別の対象物に向かっていきます。机上の書類をなぎ倒し、ソファに置かれたクッションを投げ、スリッパを脱いで噛みつきます。走り回り転げ回り、奇声をあげ、時々母親にしがみつき、私にパンチを入れます。ところ構わずどこにでも入り込み座り込んでしまい、かわいい洋服は汚れてくしゃくしゃになり、ママが結わえてくれた長い髪はすぐザンバラ髪になりました。やがて、「もう帰る」と大声で宣言して玄関に走っていき外にとび出す気配なので、私も母親も思わず後を追いかけます。

「這わずに歩いたが歩き始めがやや遅く、言葉の発達も姉に比べて遅めで心配だった」ので、母親はいくつかの専門機関をめぐり歩いています。知的障害、脳性マヒ、あるいは母原病などと言われてきましたが、母親はどの見立てや診断も「ちょっと違う」と感じていたそうです。最近ある機関で「非言語性LDでしょう」と言われました。LDとはLearning DisabilitiesまたはLearning Disordersの頭文字で、日本では「学習障害」と訳されています。知能が低くないのに文字の読み書きや計算などに困難がある子どものことをいいます。これに対して

三歳

非言語性ＬＤとは、読み書きなどの言語性学習はできるのですが、対人関係や左右・前後・遠近などの理解や学習が困難であったり、不器用で運動が苦手であったりするタイプを指しています。非言語性ＬＤは、社会的相互性の困難が中心的障害であるアスペルガー障害との重なりが論じられてもいます。また、非言語性ＬＤという用語を使用しない研究者も少なくありません。そもそも母親はＬＤという言葉を初めて聞きました。

これまでに教わったことがなかった用語です。必死で調べました。過去にいっしょに勉強した仲間や、教えを受けた大学の先生にも電話をかけまくりました。大学の先生がファックスを送ってくださって、そこに書かれたＬＤの定義を読んで、ＬＤが発達障害であり脳の障害であることを知って大変なショックでした。

このようなツーちゃんのママとのやりとりのなかで、ママが学生時代に知的障害に関心をもったこと、しかもなんと！ママがＹ先生の最後のゼミ生であったことがわかったのです。彼女は学生時代にＹ先生の知的障害児・者の支援の実践に関する授業を受けており、熱烈なファンであり教えの実践者でもあったことがわかりました。「わが子の発達に不安を感じ、まわりまわって五十嵐先生にここで出会ったことに、Ｙ先生のご縁を感じます」と言われましたが、私もまったく同感でした。

わが子は発達障害児で、その障害は、大学の授業で教わったことがなく、特別教育の現場でもこれまでに経験したことがないような、聞いたことも見たこともない障害なのですね。母親の育て方が間違ったためだといわれてきたので、もって生まれた障害だとわかったら少し解放された気持ちになりました。でも、脳の障害で一生治らないのだと思うと、将来が重く絶望的な気持ちにもなりました。

とママは述べました。

発達障害を勉強してきた母親ですが、自分の子どもが自分がこれまでまったく知らなかった障害であるかもしれないという事態に直面します。ツーちゃんには、発達障害としての本来の問題と、発達障害が母親を初めとする周囲の人たちから理解してもらえないという環境の影響によって生じた問題（心因性の問題、二次的問題ともいいます）が混在して見られました。また、母親の周囲には臨床心理や教育関係の専門家が多く、情報がありすぎて足元がよく見えなくなっている状況でもありました。しかし一方でファイトあふれるこの母親は、まだ一般に知られていないこの発達障害に関して、社会的理解と支援を得るために親の会を立ち上げたいと言い、すでに行動を開始しています。母親自身の動揺が他の活動のエネルギーに転じているのかな…などとも思いましたが、とりあえず少し落ち着く必要があります。母親のエネルギーと気持ちに水を差すようでしたが、

今すぐ会を結集するのではなく、子どもの本質的な問題は何か、今この子にとってどのような対応が必要かをまず整理して考えましょう。

ツーちゃんの発達を考える過程のなかで他の家族と連携しましょう。

三歳

必要な行動観察や検査も少しずつ行ないながら、今はツーちゃんをしっかり見て理解し、
対策をたてましょう。

と話しました。

二　ママからの「告白」

初めての面接後に届いた長い手紙

初めての面接の後、ママから私に長い手紙が届きました。同意を得て、その一部をここに書き出します。

私はツーとよくけんかしました。けんかというよりも私が一方的によく叱りました。汚いこと、危ないこと、迷惑なこと、私がいやだと思うこと、とにかくいろいろするのです。救急車も呼びました。わざとしていると思い、この子は私を大きらいなんだ！と思ってしまうことがありました。育てにくく、育て方がわかりませんでした。とにかく二歳前から二歳半ごろまで叱りつけることが続きました。二歳半のある日、私が切れました。思いっきりツーのお尻をぶったんです。そのとき自分の手がしびれ、私の「時」が止まりました。この子を殺してしまう、そう思いました。近くの病院へ泣きながらツーを連れて行き、外科医に「私がこの子を、思いっきり、手がしびれるほどぶちました。一回だけ！」と話し

てカルテに記録を残しました。ツーは何事もなくすみましたが、この日の事件で私はツーを叱りつけたりぶつことをやめました。ぶつことで必ずいつか殺してしまうと思ったからです。それから私はツーと向き合うようになっていきます。そしてどんどんツーが愛おしくなり、ツーが見えはじめてきました。私がこの子を避けていたことが、こんなにもこの子を遅らせた原因だと思っています。今取り戻したく頑張っている最中です。言いたいことの一〇パーセントも伝えられないのが残念です。

もうすぐツーは四歳になります。この先のこと、不安すぎて泣きたくなります。でも、一つひとつ足元を見ながら前を向いて歩いていけるよう頑張ります。どうぞ私を指導してください。

クリニックで初めて会った日に、ツーちゃんの動きに目を配りながら、ママはひたすら話し私はひたすら耳を傾け、気がつくと予定時間を大幅に過ぎていました。それでもママは、自分の思いを十分に伝えきれなかったと手紙に書いています。初回面接のときには、ママの動揺が外に向けてのエネルギーに転じているように私は感じました。この手紙に書かれているのは、ママ自身の行動の振り返りと、ツーちゃんへのいたわりです。ツーちゃんがいる前で話しにくいことだったかもしれません。

また、帰宅途中や帰宅後に、これを言わねばと気づいたのかもしれません。手紙に書かれている一部分は、子ども虐待になりかねない切迫した状況です。しかし、軽度発達障害児をもつ多くの母親は、程度の差はあれ一度ならずこのような緊急事態を経験しています。幼児期の発達障害児、とくに多動傾向が強い発達障害児の母親が一瞬かっとなって子どもに手を出す、危ない場面ですが、私にはその瞬間がよく理解できます。目の前で、母親にゴツンとやられる子どもを何度か見ました。

重量も内容も重いこの手紙へのお返事は書きません。すぐには、自分からとくに動きません。次の面接の日まで、そっとしておこうと思います。おそらくママは、自らを振り返り一生懸命語った後は、なんとなく空虚で気恥ずかしくもあり、クールダウンの時間が必要だと思うからです。次回の面接でも、ママがこの手紙のことに触れたら

結構やりましたね。危なかったですね。でも気持ちはわかります。…それから、ツーちゃんが発達障害なのは、お母さんのせいだけではないですよ。

と言おうと思いますが、ママが言い出さなければそのうち話題になるまでそっとしておきます。

私が出会った発達障害児の母親の多くは、自分の心身の状態の悪さが障害をもたらしたのではないかとたずねています。初回の心理面接は、母親が自分自身を責めることからスタートすることも少なくありません。発達障害の原因に関してはさまざまな指摘があります。人間の心と体は微妙に関係しあっていますから、昔からいわれてきた妊婦の精神衛生も胎児の神経生物

学的発達に影響があるかもしれません。それがどの程度の重さで影響するかはわかりませんが、母親の精神衛生だけが発達障害をもたらすものではないでしょう。また、もって生まれたわが子の育てにくさに母親がいらだつこともきわめて当然の心理であり、母親だけが責められるものではありません。母親は過去を振り返って、あれもこれもが障害の原因になったと後悔し、自分を責めがちです。科学が発達した現在でもわからないことはあります。私たちは、今明らかにされていることを知り、障害の早期発見と正しい理解のために役立てていくことが必要なのだと思います。

三　発達障害はどこで誰に相談するの

ただ「ようすを見ましょう」では専門家として無責任

ツーちゃんのような発達障害はどこで誰に相談したらいいですか。発達の不安を感じ始めたときから、近所の開業医、保健所の医師や心理相談員、大病院の小児科医、教育センターの相談員、大学の先生、障害児学級の先生、いろんな専門家を訪ねました。ほとんどの専門家から「お母さん焦らないで。もうしばらくようすを見ましょう。発達には個人差がありますから」と言われました。これから発達する見込みがあるのか、個人差はいずれ追いつくのか、ただ待っていればいいのか、何かできることはないのか、不安で不安でたまりません。

広汎性発達障害、ＡＤ／ＨＤ、ＬＤなどの発達障害の医学診断は、主として小児精神・神経科領域の医師が行ないます。どこの病院の医師でも可能かというとそうでもありませんので、診断を必要とする場合は、発達障害に詳しい医師がいる大学病院や国公立病院や研究機関などの医療機関をよく調べていかれるほうがよいでしょう。子どもの発達のアセスメントや治療教育的支援、あるいは親支援などは心理・教育領域の専門家が関与します。地域の教育相談センター、発達支援センター、大学付属の発達臨床センター、民間の治療教育機関などが対応できます。地域支援やネットワークサービスなどに関しては福祉の領域が関わります。地方自治体の福祉関連の窓口で情報が得られるはずです。このように関連する多領域の連携が発達障害児の相談に必要です。

私は相談に来られた保護者に、ただ「ようすを見ましょう」とは言わないことにしています。子どもの発達に不安を抱いて来ている保護者の質問に対して、心理臨床家が「ようすを見ましょう」と言うだけでは不親切です。発達期にある子どもへの対応法としても少し無責任です。具体的に「このようなことを試みながら」あるいは「これとこれに注意しながら」、「ようすや経過を見ていきましょう」と言うことはあります。心理臨床家が「ようすや経過を見る」ということは、発達の遅れや偏りや歪みに関して現状と発達経過を注意深く観察・評価するということです。生育歴の聴取、発達検査、行動観察なども含みます。認知や情動や運動などについて、年齢に比較した遅れや逸脱の程度、追いつき状況、個人的特徴などを明らかにします。「ようすや経過を見る」ことは、子どもについてその時点で可能なある発達的仮説を出すことであり、そのための期間は不必要に長くとるべきではないと思います。この発達的仮説がたったら治療教育的指導を開始し、さらに長期に「経過を見て」仮説の確認と修正をしていきます。

地方にいても都市部に出ても、発達障害の検査や診断や治療教育ができる専門機関を探すことは難しい。

とツーちゃんのママは繰り返し言っています。これが現状かもしれません。支援機構や情報ネットワークはあっても、高機能広汎性発達障害やAD／HDやLDなどの発達障害に関する知識や理解が不十分で、実践的に機能するにはいたらないのです。

幸いなことに、ツーちゃんとママが訪れたクリニックの小児科医は、発達障害について研鑽を積んだ小児神経科医でもあります。このクリニックでは、発達障害児の心理検査や行動観察や親子の相談を行なうことが可能で、希望すれば診断を受けることができます。私は、ツーちゃんの生育歴を聞き、発達検査や行動観察を行ない、その後の療育の計画を立てます。また、小児神経科医は定期的にツーちゃんを診察して、医学的側面から発達を見ていきます。ツーちゃんのママは、このクリニックを中心として発達障害の相談を行なっていくことを決めました。

四　いい加減にして

ＡＤ／ＨＤとは

ツーちゃんはクリニックにおいて、「多動で衝動性が高く注意の集中持続も困難でＡＤ／ＨＤ（混合型）のすべての症状を呈し、社会的対人的スキルと言語コミュニケーションの遅れ、およびこれらの問題による母子関係の混乱に原因があると思われる反応性愛着障害も呈している」と診断されました。

ＡＤ／ＨＤとは、Attention Deficit / Hyperactivity Disorders の頭文字で、日本語では注意欠陥／多動性障害と訳されます。落ち着かず動き回り着席ができない多動性や、注意が集中持続できない注意障害や、遊び場面や社会的場面で順番が待てなかったり、突然に話に割って入ったりする衝動性の高さが見られる発達障害です。これらの特徴のすべてが見られる場合と、特徴の一部分のみが見られる場合があります。

ＡＤなんとかっていったい何のことですか。それは障害ですか。どんな障害ですか。私

のせいですか。きょうだいに遺伝しますか。治りますか。

ママからのたたみかける質問がありましたが、ツーちゃんが騒ぎまくるので心理面接室ではほとんど対話になりません。普通のクリニックですから、大学の臨床センターのように陪席の学生や助手などいません。ツーちゃんの安全を確認しながら、行動を制止しながら途切れ途切れに言葉を交わし、通常の面接時間をかなりオーバーしても、ママが聞きたいことの一部分しか話し合うことができません。そして三人三様にへとへとに疲れて面接が終わります。「先生にいっぱい話したいことがあるので次にまた話します」と不完全燃焼のまま帰宅します。「私一人で来てゆっくり先生と話したい」とママは言うのですが、家族の誰もがツーちゃんを安全に見てやることができないので、ママは家にツーちゃんを置いて外出ができないのです。いつもママとツーちゃんはいっしょで、しかもママの目の届くところにおかなくてはいけないのです。しかも、ツーちゃんは時々思いがけなく、とんでもない危険な行動をしてしまってママを病院や警察に駆け込ませます。

もういい加減にして！

ママは死んでしまいたい！

と叫び、怒り、ときには子どもを叩いて、果てはひどい後悔と自己嫌悪にママは陥ります。一方ツーちゃんは、周りにいる子どもにもおとなにも関心があって仲良くしたいようなのですが、上手に関われません。走っていって突然背中を押したり、乱暴に抱きついたり、髪の毛を引っ張ったり、相手の持ち物を横取りして投げたりします。乱暴されたとか、意地悪されたとかと言いつける子ども、しつけがなっていないと怒るおとなも当然います。

人一倍一生懸命育児をしているのに、しつけていないと言われる。

こういうわからんちんな子どもをどう理解すればいいですか。

母親が具体的にあげている問題行動が、多動・衝動性の高さや注意の欠陥を示すものであり、この特徴は場所を選ばず生じ、本人の意思でコントロールしにくいこと、薬物治療が有効であることが多いが効果がないケースもあること、行動コントロールを目的とした心理・教育的対応および保護者と本人を含む臨床心理学的対応が必要であること、などが母親に伝えたいことです。診断がついた後の子どもの発達を支援するために、ＡＤ／ＨＤの特徴を理解し、幼児期の心理・教育的対応を考えて実行していかなければなりません。しかし、ＡＤ／ＨＤの特徴に親が気づくこの時期は多動・衝動性が最も顕著であり、年齢的にも薬物の使用もためらわれることが多く、現実的な対応に苦労します。客観的理解にたった治療教育的対応を早期に開始するためにどうしたらよいかを考えました。

母親は私に手紙やファックスを送っていいかとたずねました。手紙は勤務先でも問題ないのですが、ファックスは仕事場宛ではいくつかの支障があるので自宅に送ってくれるようにと言いました。子どもの日々の発達的変化は年齢が幼いほど速く、とくに問題の渦中にある母親の場合は、次の面接までの長い時間を座して待つことはつらいことです。その間に子どもとの関係が悪化して、母親が自分自身をコントロールできなくなりさらなる問題を生じさせることもあります。このようなことが懸念されるときには、万難を排して母親と会う時間をとるか、なんらかの連絡手段を考えるようにしています。ツーちゃんの場合は、母親が自分の意図に反して虐待に近い言動をしてしまうことを恐れていたので、面接日以外にすぐ使える連絡方法をとることにしました。しかし、ケースによっては時間をかけて待ったほうがよい場合もあります。待つ時間があることでより深く考えをめぐらすことができ、そのことが問題解決に有効であるようなときは、私は次回の面接までの期間を長めにとって待ってもらいます。この後、ツーちゃんのママと私の間で大量のファックスのやりとりが開始されました。

五　ママからの「決意宣言」ファックス

母親の「気負」と「絶望」

ツーと私の関係についての先生のアドバイス、とてもためになりました。自分ではわかっていたのです。自分では改善しようと思っていたのです。しかし、実行できていなかったことに気づかされました。ツーにヒステリックに怒鳴っていました。パチン！と叩いておりました。ツーを私のイライラの的にしていました。自分が情けなく悲しく、帰りの車中で涙が流れました（中略）。

先生、私ね、ツーと出会うまで自信に満ちあふれた人！だったの。私みたいないい人この世にいない！って思ってた（ちょっとオーバーだけど）。善悪のわかる、人情深い、人のいやなことはしない、私を悪く言う人がいるわけない！と思ってたの。このガラスのお城がガラガラ音をたてて崩れ落ちていったのです。私って人間がツーによって浮き彫りになった！というか…（中略）。

先生がおっしゃるように、ツーは、素直で、あどけなく、甘ったれで、かわいい!です。何かできることがふえたり、上手に言えたりすると、心から嬉しく泣けてきます。最近では毎日ボタンかけの練習をしています。また、上手に会話のキャッチボールできるときがふえています。

私「今日何した?」
ツー「プールした。先生とやった」
私「プールしたのか!?」
ツー「体操した」

というように上手にできたのです。嬉しくて仕方ありませんでした(中略)。

先生がおっしゃるように、私とツーの関係に二次的障害とされるものがあるとしたら、ゼロにしたい!と心より願います。本日より生まれ変わったつもりでツーとつきあってみよう!と思います。私しか、これをできる人はいないですものね。

ママからのファックスのこの文面には感嘆符が多くなっています。これは決意文ですね。ママは私に向かって決意を述べていますが、実はきっと自分自身に宣言しているのでしょう。私も、自分の気持ちが揺れ動いているときや、つらくて逃げ出したい気分に陥っているとき

などに、小声で宣言することがあります。「迷いません!」「自分が決めたとおりにやります!」「絶対負けません!」…なんてことを一人で声に出して言っています。もうこれ以上迷ってはいけない、自分が決心したことを貫きなさい、自分の弱さに負けてはいけない、と自分を叱咤激励する決意宣言です。ママもこんな心境なのかしら。

別の日のファックスです。

毎日お忙しいなかファックスばかりして申し訳ありません。今私もとても不安定になっています。ツーといっしょにパニックになっているんでしょうね。私とツーが泣いているのを見て、きょうだいたちも「理由はわからないけれど涙が止まらない」と泣きました。みーんな不安定。でも泣いているツーを見て、この子を守れるのはこの世で私だけ、命かけて守ってあげるからね、と心に誓う自分がいたのです。こだわりからくるあれはダメ、これはダメにつきあっていると心底疲れ、「もういい加減にしてくれー!」と発狂したくなります。「どうにでもなれ!」って思う。「ツーちゃん、困る～!!」って言ってしまいます。「こんな生き方!」って思って、すべてを投げ出したくなり、どっかへ逃げちゃえ!とか一瞬は思うけど、死んでもそれはできない。私の命ある限りきょうだいを大切に育てなければって思う。でも疲れて疲れて疲れて…。ひとに聞かなければ自分の子どもを育てることさえできない情けない自分に自己嫌悪に陥っていく。いちいち、いちいち、A先生やB先生や…あっちにぺこぺこ。こっちにぺこぺこ。ぺこぺこ人生。ツーちゃんを産んでぺこぺこ人生の始まりです。あっちにぺこぺこ、こっちにぺこぺこ、そんなふうにして人に気に入ってもらって理解してもらわないと生きていけないAD／HDがLDが憎いです。個性なんて甘いもんじゃすまない。

知的に遅れのない発達障害児の母親の葛藤です。子どもには一見するとわかりにくい問題や困難があり、その問題や困難は日々の生活のなかで決して小さくなく、親きょうだいと家族を悩ませます。わかりにくい障害を周囲に理解してもらおうと努力し、その成果の少なさに落胆し、愚痴を言いたくなり、自暴自棄（本当はそうではないのですがそれふう？）にもなり、また気を取り直します。親が歩みをやめれば、子どもの発達が滞ると考えるからでしょう。この時期、母親は子どもの味方は自分以外にないような孤独で気負った状況に陥りやすいといえます。一方で、許されるものなら手足をばたつかせ床を踏み鳴らして、やり場のない怒りや絶望を体いっぱいに表出したい状況にもあります。臨床心理士にできることは、というよりするべきことは、母親の右往左往の発言を最後までよく聞き、母親が本当は何を伝えたいのかを汲み取ることです。そして、できることなら、発達障害児を育てることは、あなたの人生の重要な一部分ではあるものの、あなたの人生のすべてではなく、あなた一人が背負う仕事でもない、ということを心理士は軽いタッチで伝え返したいと思います。

私は、以前の手紙のときと同様に、ツーちゃんのママのこのようなファックスにすぐに返事を出しません。一晩おいて翌朝にファックスを返したり、電話をかけたりします。「おはようございます。ツーちゃんは元気に幼稚園に行きましたか？またお便りください」などが内容です。何か具体的質問が書かれたファックスにはできるだけ迅速に返答しますが、決意宣言ファックスや右往左往ファックスは、少しだけ時間をおいて軽く返答すると、むしろママはほっとするように思われるからです。

Ⅱ　療育を始めましょう

一　子どもにあった療育はどこで受けられますか

これまでにほとんど聞いたことがなかった、ママにとっての「何とか…？という障害」に関して、ツーちゃんのママは熱心に勉強しています。どの障害についても共通するのですが、障害に気づいた時点から、適切な支援の開始が望まれます。とくにいわゆる軽度発達障害は、早期発見と早期対応がその後の子どもの発達を左右すると私は考えています。なぜなら、この障害は、潜在的な知的能力があるにもかかわらず、通常の養育や教育のなかではその能力が生かされない場面が多く、知識の獲得や使用や社会的コミュニケーションに遅れが生ずるからです。ママも勉強するなかでこの点に気づいていますが、母親が実際にどのような支援ができるかについてはまったくの手探り状態です。この時点では、専門家の助けが必要です。母親が支援のポイントを理解して、毎日の生活のなかに応用していけるようになるまで、専門家が支援のモデルを提示するのです。そこで、「お母さんの面接と並行して、ツーちゃんには療育を始めたいですね」と提案しました。

　もちろん受けさせたいです。子どもにあった療育はどこで受けられますか。東京はともかく、この地方都市ではＡＤ／ＨＤのような発達障害についての理解がありません。発達の遅れに気づいてから知的障害児の療育機関を見学に行きました。この子にとって適切な療育が受けられる場所であれば、私は偏見をもたず療育に参加させたいのです。ツーの療育には何が必要と考えますか。どこでＡＤ／ＨＤ児の療育が受けられますか。

　ママからの、私にとっては手痛いご質問でした。

　発達障害の診断の後には、療育や治療教育が引き続いて行なわれなければならないと考えています。その子どもにあった指導方針のもとに行なわれる療育や治療教育ならば、開始が早すぎて失敗することはありません。療育や治療教育は特別なことではなく、心身に障害をもつ子どもが生活していくうえでの困難なことにはたらきかけ、潜在能力を生かして変化と発達を促し、さらに困難を代償する能力を育てるような医療と心理・教育の総合的な作用です。このはたらきかけの心理・教育的原点は、子どもの指導・教育全般に共通することであり、発達に問題をもたない子どもたちの養育や教育と矛盾することではないでしょう。

　しかし、「療育を始めたらいいですね」と提案すると、保護者にためらわれることがしばしばあります。療育・治療教育すなわち障害児とみなされるので、幼い年齢から特別の集団に入って特別の指導を受けることに抵抗がある、と言われます。軽度発達障害の子どもは、発達の経過のなかで健常発達の裾野に入っていき問題が見えにくくなるかもしれないので、保護者の考えもわかります。周囲の見る目が気になって療育や治療教育に抵抗感がある場合は、強制はできません。しかし、子どもにとって大事な時間はどんどん過ぎるわけですから、放っておきたくもありません。このようなときは、子どもが現在通っている保育園や幼稚園やおけいこ教室などの先生方に協力をお願いします。いつも通っている場所で、個別または集団の療育的対応を行なってもらいます。こうして療育的対応の成果が認められ始めたころに、今後は子どもの障害をどのように考えていったらよいかを保護者と話し合っていきます。

ツーちゃんのママは早期療育の必要を理解し積極的に応じましたが、受け入れの場所がありません。療育・治療教育は、特別の場合を除いては、家族の賛同を得て協力体制を組んで行なうことが望ましいことです。療育はお金も時間もかかり、しかもすぐには効果が現われてこないため、周囲の人々から辛抱強くサポートされる必要があります。そのためには、ツーちゃんの発達の特徴、療育の目標、具体的な場所や所要時間や費用などを明らかにする必要があります。

いろいろ探してもツーちゃんの家の近所には適当な療育機関がなく、結局、ツーちゃんとママは療育を受けるために東京に月一回通うことになります。東京近辺には公的私的な療育機関が地方よりは

多数あります。療育内容、療育開始までの待機時間、通所に要する時間や費用などを検討して選択することができます。私たちは相談のうえ、私も関わりがある療育機関で、七、八人のグループ療育を休日に行なっているある民間の治療教育機関に決めました。休日ならば父親も参加や協力ができますし、きょうだいがいっしょに来たり家で留守番をしたりするときにも都合がいいからです。

ツーちゃんの療育には二つの目標があります。一つは危険な行動や迷惑な行動のコントロール、つまり、物を投げる、人を突き飛ばす、人の持ち物をいきなり取り上げる、といった行動を別の行動に変えることです。ツーちゃんのこれらの行動には、突き動かされるようにまったく衝動的にやってしまう場合と、ママや私の顔色を見ながらわざとやる場合とが見られます。わざとやるほうは、ママや私の関心を引くためにする注意引き行動です。「ほら、こっち見てよ。私いけないことをしていますよ。どう…？注意しないの…？」。

ツーちゃんには年齢の近いきょうだいが二人います。ツーちゃんは第二子です。ツーちゃんが歩き始めるころは、ママは落ち着かないツーちゃんを一日中背中におぶって家事をしたそうです。下のきょうだいが生まれてからは多動なツーちゃんを含めた三人の子どもの世話と家事に追われ、ツーちゃんときちんと向かい合って言葉を交わすことがありませんでした。ツーちゃんの多動や言葉の遅れにママは失望し、ツーちゃんはママへの依存欲求のサインをたくさん発信していたのですが、「ことごとく拒否してしまった」とママは語っています。ツーちゃん

四歳

には、「私たちはツーちゃんを大切に思い、いつもちゃんとツーちゃんを見ていますよ」というメッセージを伝える必要があります。とくにママからのメッセージが本当は欲しいのです。

自分の意志とは関係なく動いてしまう行動のコントロールを教えることと、注意引き行動を減らすことの両方を試みなければなりません。グループ療育の場では、ツーちゃんが物を投げようとする瞬間に手を押さえて「投げないで」と言い、子どもを突き飛ばした瞬間をとらえて「遊ぼう！って言おうね」と語りかけ、他の人の物を取り上げたらその手をつかんで「貸してちょうだい」と代弁します。いずれも、耳元でしっかり言います。感情的に言ってはいけません。淡々と、しかしきっぱりと言います。そして、やってはいけない行動をしないですんだら、ツーちゃんの手をとったり髪の毛をなでたりしながら、「我慢できてよかったね」「これからちゃんと言おうね」「今度ちゃんと言えたらいいね」とフィードバックします。一方で、私やスタッフの顔色を見ながらツーちゃんが注意引き行動をするときは、原則としてとりあいません。ツーちゃんが「これ見て！」と言わんばかりに物を投げたときは、スタッフは淡々と拾い上げてもとに戻し、ツーちゃんを他の子どもがやっているプログラムの行動に誘います。「ダメ！やめなさい！」とは言わず、プログラムどおりに進行します。注意引き行動をあきらめて、プログラムに参加してきたら、「ツーちゃん、いいね、楽しいね、かわいいね」と声をかけます。注意引き行動は、問題行動そのものを押さえ込むのではなく、子どもの本心に対応しなければなりません。ママにも療育全体のようすを見ていてもらいます。

もう一つの目標は周囲の子どもとのコミュニケーションです。周りにいる子どもを意識し、関わり方を知ることです。今ツーちゃんはマイペースです。いきなり立ち上がってみんなのなかを駆け回ったり、欲しいものにはさっと手が出たり、言いたいことは状況におかまいなく大声で言います。周りにはスタッフや他の子どもたちがいるのですが、ツーちゃんには全体がどのように見えているのでしょうか。自分の興味や欲求の的になったときしか他者の存在が意識されないのだろうと思われます。自分以外の他者がいることを知る、このことからコミュニケーションが始まります。そして、他者を意識し自分を意識することは、これから先の長くしかも困難をともなう課題となると思われます。

二　もう療育には通えません

半年後にはきっとわが子が大好きになりますよ

スタッフの皆さんや他のお子さんに迷惑をかけるからもう療育に通えません。来月から療育をやめます。電車のなかでも、出先でも、療育の場所でも、周囲の反応を見ながらハラハラドキドキしています。娘がよくパニックを起こす場所に行くのがつらくて、呼吸が苦しくなります。外出恐怖症です。電車に乗れません。いつも小さくなっています。ごめんなさいと頭を下げ続けます。こんな自分や娘が情けない。つらいです。

療育開始後まもなくに受け取ったツーちゃんのママからのファックスです。

東京での療育に通い始めたころ、ツーちゃんはたしかに大変な状況でした。電車のなかでは座席に座っていられず通路を駆け回り、駅に電車が止まってドアが開くと飛び降りようとします。療育の場所では、他の子どもたちやスタッフの存在におかまいなく奇声をあげて走り回りますし、部屋から駆け出すことも頻繁です。ボールや楽器や紙やクレヨンなどはあっという間に放り投げます。ピアノの鍵盤をがんがん叩きます。初めての場所で初めて会う子どもやスタッフといっしょの療育経験は、ツーちゃんを不安で落ち着かなくしています。でも、何にしたところで始まりは必ずあるのですから、ここは強行突破するしかありません。療育開始前のスタッフミーティングでは、あらかじめ想定されるツーちゃんの行動をあげ、担当スタッフを決め、対応の仕方を確認します。担当スタッフは腕と足と目と耳のすべてをフル活動させてツーちゃんの行動につきあいます。緊張感はありますが、気合を入れて彼女といっしょに行動することは、スタッフにとっても充実した、なかなか楽しい時間でもあります。

ツーちゃんのママ、スタッフは誰も迷惑などと思っていませんよ。周りで見ている保護者たちも、「大変そうだけどママは頑張って通ってきているね」と言っています。「ツーちゃんなかなか派手にやるねー」と思っているでしょうが、そのために自分の子どもがかわいそうだとか、迷惑をこうむっているなどとは思っていないでしょう。だって、皆さんが発達障害児の親なのですから、親がたどる心の過程はよくわかってくれるはずです。「わが子にもこういう時期があった」「わが子も似たタイプだからよくわかる」と思っているかもしれません。「何回か経験すれば、むしろ楽しみに通うようになりますよ」と言ってくれる母親もいます。療育の場所に

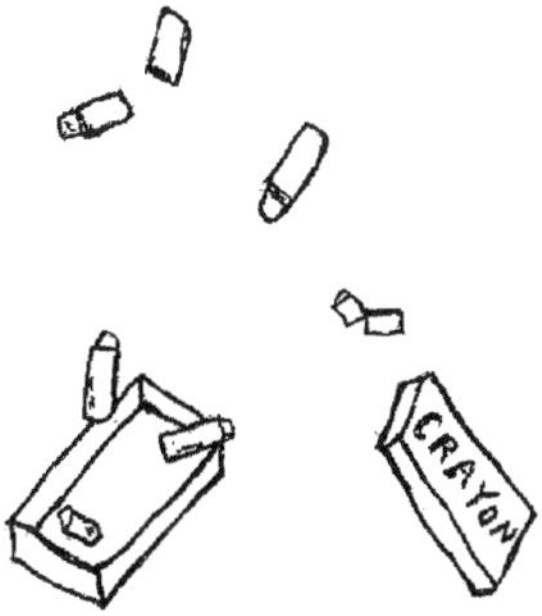

四歳

向かうために、乗り物に乗ること、雑踏を歩くこと、食事や休憩をすることなど、家を出てから帰宅するまでに体験することのすべてに療育の目標を見つけることができます。今大変な事柄の一つひとつを丁寧に療育にのせて指導していくことで、ツーちゃんの行動は確実に変化します。電車のなかで大暴れすることも、不安で騒ぐことも、やがて落ち着くはずです。通常考えられる子育ての三倍くらいそばにいて援助してください。過保護ではなく援助です。

「落ち着いて療育にのれるまでにどれくらいの時間がかかりますか」と保護者から聞かれます。数回で劇的に落ち着くこともありますし、数か月以上かかることもあります。子どもの年齢や障害のタイプによって、あるいは目標行動の設定やスタッフの対応の仕方によっても異なります。私は「これくらい」と予想ができなくて、「少なくとも半年、休まず続けて通ってください」とお答えします。その間に発達障害児をきらいにならないように…と願いながら。なぜなら、半年後にはきっとわが子が大好きになるからです。

七か月後、ツーちゃんは電車の座席に座って絵本を見ながらママとお話をし、ママと手をつないで街を歩き、「こんにちはー!」と療育室に駆け込んできます。

三　みんなにわかってもらおう

「障害」を公言する「ためらい」との狭間で

周りの人にAD／HDやLDを理解して欲しい。だから、親の会で勉強会を企画したり、講演会を開いたりしています。自分の家を事務局にしました。電話が鳴りっぱなしで、すごく忙しいです。

ツーちゃんのママは精力的に活動を展開しています。私にも勉強会のコメンテーターにとお声がかかります。勉強会の参加者は、発達に問題をもつ子どもの保護者、普通学級や養護学校の教師、幼稚園教諭、保育士、医療関係者などその都度さまざまです。定期的に催される母親会では、多くの母親が「これまで誰にも相談できなかった。本音が言える場所ができて安堵した」と語り、初めての参加者のお話は二時間余に及びます。ツーちゃんのママは初めて電話をかけてくる人のお話を長時間辛抱強く聞きます。

一見すると他の子どもと変わらず、しかし行動や認知の発達に深刻な問題をもつAD／HD

やＬＤや高機能広汎性発達障害は、一般の人々に理解されにくい障害です。（この障害について、以降では「いわゆる軽度発達障害」と記載します。現在この用語の使用に関しての議論があり、今後さらに用語の変化があるかもしれませんが、ここでは、知的発達に遅れがないＡＤ／ＨＤやＬＤや広汎性発達障害を含んで「いわゆる軽度発達障害」という言い方で記載します。「軽度」とは知的に遅れがないことを意味します）。これまでに多くの保護者がしつけや育て方や教育の失敗だと言われ、悩み苦しんできました。このような無理解はこれらの障害が非常にわかりにくいことによります。従来の発達障害の概念におさまらない障害だからです。私たちはこれまで、運動や視覚聴覚の障害、あるいは知的発達の遅れ、あるいは情動発達の問題と関連して「発達障害」を考えてきました。視覚や聴覚に問題がなく、知的発達の遅れがなく、環境的に大きな不備がない。それにもかかわらず、落ち着きや集中力に欠ける、社会的状況が読めず人との関わりが苦手である、読んだり書いたり計算したりができない、といった問題が生じることとは理解しにくいですし、さらにこれらの問題を発達障害の範疇で理解することは非常に戸惑いが多いことだと思います。いわゆる軽度発達障害が、当初は親のしつけの誤りや家庭環境の問題、本人の自覚や性格の問題、教育方法の問題などが原因であると考えられたのはやむを得ないことかもしれません。

ツーちゃんのママにも

理解されなかった。親のしつけのせいにされてきた。

という思いが強くあります。ですから、できるだけ多くの周囲の人々にこの障害について知ってほしいと思っています。しかし一方では、知的発達の遅れがないことにより、早期療育や本人の発達によって将来的に他の子どもたちと異なる部分が見えにくくなる、もっとはっきり言えば健常発達の裾野に入ってくる可能性があることを考えると、自分の子どもの発達障害を外に向かってはっきり言うことがためらわれます。この葛藤の狭間でママは悩んでいます。ママがこのような活動を積極的に行なっていることは、ママのなかで矛盾を膨らませてきているのです。ツーちゃんにはママの活動をどのように説明していくのかな…と思っています。ママにはまだ私のこの疑問を伝えていません。

家族や周りの人にツーの障害をわかってもらえなくて、私が極限状態だったとき、突然電話をしても先生が辛抱強く聞いてくれました。面接時間のほとんどを私一人がしゃべっていても、話をさえぎられませんでした。自分のことでもないのに、自分の子どもが障害児でもないのに、どうして?と思いました。

そうしたら先生「これが私の仕事です」って言ったのです。覚えていますか?

「目からうろこが落ちる」でした。

私はプロではないけれど、親の会の窓口として皆さんの声を一生懸命聞いて、一般の人に理解を求めていこうと思っています。

ママにこのように言われるとかなりこそばゆい感じです。対象者の話をきちんと聞くことは

五歳

臨床心理士の仕事の基本中の基本です。

四　こんなこともできるようになった

ツーちゃんは着実に発達し変化しています。日常生活で気づいたり幼稚園の先生から聞いたりしたことをママがファックスで知らせてくれました。こんなことができるようになっています。

・行動が落ち着いた
・周りの状況に注意を向ける
・納得するとやりたい行動を我慢できる
・突飛で危険な行動をめったにしなくなった
・注意引き行動がまったくなくなった
・食事のこだわりや偏食が減って野菜や果物も少しずつだが食べる
・注射を我慢した

・歯科治療を受けた
・家族揃ってレストランで食事ができた
・平仮名と数字が読める
・ボタンはめができる
・七五三の着物を着て写真が撮れた

ツーちゃんは幼稚園に喜んで通っており、お友だちといっしょに行動し先生とも仲良くできています。

「以前はわざといけないことをすることがあったが今はほとんど見られない。他の子がいけないことをやってしまうとツーちゃんが注意したりもとの状態に戻してくれたりする。別人のようだ」と幼稚園で言われます。このごろ、ツーちゃんをしみじみかわいいと思うようになりました。

とママは言っています。ツーちゃんは以前から、感受性が豊かで素直でやさしいとてもかわいい子ですが、行動のコントロールの大変さゆえに、ママは彼女のかわいさをしみじみ感じるゆとりがなかったのでしょう。

幼稚園の行事や、病気やけが、気象の変化といったことはまだツーちゃんにとって苦手なことです。幼稚園で運動会の練習が始まったころから、ツーちゃんに口をあんぐり開ける奇妙な癖がでました。チックです。幼稚園でのいつもと異なる時間割、スピーカーやピストルなどの聞きなれない大きな音、子どもたちのざわめきなどは、おそらくツーちゃんにとって不快なことでしょう。練習時の状態から運動会当日の大混乱が予想されます。ツーちゃんには昨年の運動会はお休みをすすめました。

他の園児や保護者の前で思い切りみっともない行動をしてしまうだろう。白い目で見られてかげで苦情を言われる。ギャラリーの前で親子がさらし者になる勇気がない。

ファックスに書かれたこのようなママの気持ちを察してか、ツーちゃんは運動会当日に本当に熱が出てお休みしました。今年は事前に「パパやママといっしょに家族席で見学したら？」と言いましたが、しっかり参加しています。

みんなといっしょに頑張るってことは、チックが出るほど大変なことだよねー。

本人にとっても、また不安と期待を抱いて見に行く保護者にとっても、運動会が苦痛体験となる可能性が高い場合は、「今年の運動会はお休みにしましょう」とすすめます。治療教育上は矛盾するすすめだと思う人もいるかもしれませんが、治療教育はできないことをやみくもに、なにがなんでもやらせることではありません。子どもの現在の発達状況を見極め、現在求められていることがあまりに現在の発達や適応力とかけ離れているときには目標を先送りすることも大切です。運動会ぎらいにならないために、初めての年はお休みしたり見学にしたりすることはよくあります。そうすることで、親子の心の負担が軽くなり、当初は休むことに決めた運動会を見学できたケースもありました。

五歳

　ツーちゃんは自分の体や環境の変化に過敏で、その状況を受け入れることがまだ困難です。痛みや、かゆみや、熱や、体に生じるいつもと違うことに混乱します。しかも熱が高くてつらそうなときもアイスノンをいやがり、注射におびえ、薬をのむことも拒否します。入院などはとんでもないことです。しかし、中耳炎の治療で聞こえが少し悪くなったときは、「耳が変！」「お耳、お医者さん早く行く」と泣いてママに訴えました。これまで経験したことのない聞こえの悪さが、彼女をとても不安にさせたのでしょう。また、北風がビュービューと吹きすさぶある日のこと、「先生、今日は風が怖くて療育に行けません」とツーちゃんは電話口で訴えます。ママの話では、耳にティッシュペーパーをいっぱい詰めて、風の音から逃れようとしているそうです。「ふわふわの毛皮付きヘッドフォンを買ってもらって着けてきたら？お耳もあったかいよ」と提案しました。

　これまで、予防注射はツーちゃんにもママにもいつも大事件でした。予防注射だとは知らされずに、または他のことだとだまして病院に連れて行かれ、押さえつけられて注射を受けていました。注射がすんだときのツーちゃんの混乱は「すさまじかった。大狂乱でした」とママは言います。周囲に二重三重の取り巻きの輪ができるくらいの大騒ぎになったそうです。院内にあるごみ箱を放り投げ、泣き叫び、車に連れて行っても車中で暴れ、車に置いてあった分厚い雑誌を噛み切ってしまうほど怒りまくったそうです。「突然何事だ！騙された！痛い！悔しい！…」という思いが錯綜しての混乱でしょうか。この話を初めてママから聞いたとき、次回の予防注射は、予定日にカレンダーに丸印をつけて、毎日カレンダーを見ながら注射マークのシールを貼って予防注射の予告をするよう助言しました。毎日毎日、カレンダーの丸印のついた日付を確認しながら「〇月〇日は、病気にならないための注射をする日よね」と言います。初めはカレンダーに注射マークのシールを貼るだけでも不機嫌で怒っていたそうですが一か月で怒らなくなりました。「覚悟ができてきたみたい」なのです。予防注射当日、ツーちゃんは注射針が腕に入った瞬間は「痛い！」と言いましたが、処置後に泣き騒ぎませんでした。「泣きましたが、それは、『ママ、痛かった』の訴えで、泣き方の質が違っていました。私も『よく頑張ったね』と言ってやれました」。

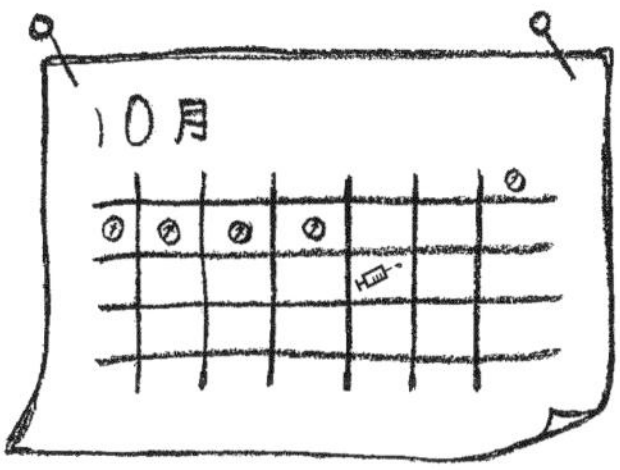

　ツーちゃんは、毎朝家を出る前に幼稚園の名札を園服につけます。ある朝のこと、名札が定位置に見当たりません。「ママ、名札がない！」と叫びます。昨日、幼稚園に迎えに行った帰りの車のなかで名札をはずしたことをママが思い出し、「しまった！私がいつもの場所に戻しておけばよかった！」と思います。かつて、朝出かける前に名札が見つからないことがありました。このとき、ツーちゃんは「ギャー！ない！ない！」と泣き叫んで大騒ぎをし、幼稚園に連れて行かれても騒ぎはおさまりませんでした。この記憶が残っているので、今回もまたパニックになる…と恐怖にかられながら、ママはツーちゃんをともなって車のドアを開けました。

「ママ！ツーちゃんすぐ忘れるから、昨日ここに（シートポケット）しまっておいたんだ！」。名札はツーちゃんが言うとおりにシートポケットにありました。ドアが開いたとたん、ツーちゃんは自分が翌日名札を忘れないようにシートポケットに入れたことを思い出したようです。

ママのファックスです。

感動しました。自分を分析し始めたツーちゃん、成長しているツーちゃん、子どもに教えられる母でした。理解力が高まり表現力が追いつかないというアンバランスを、どうやって援助するかを真剣に考えていこうと心に誓っています。

五　丁寧な確認と積極的な介入

その言葉をどのように理解しているのか、何を伝えようとしてその言葉を使っているのか

ツーちゃんは三歳のときに専門機関を受診して精神発達の遅れを指摘されました。当時は言語理解に比較して視覚的情報の理解が早くて得意でした。先日行なった知能検査でも、言語性知能指数であるＶＩＱが六〇台、動作性知能指数であるＰＩＱが九〇台でした。私はこれらの数値は今後小学校に入学以降もさらに変化すると思っています。現在のＩＱはツーちゃんの知的能力を十分反映していません。通常使用される知能検査の多くは、話したり聞いたりする言葉だけではなく、イメージしたり頭のなかで考えたりする言語性の能力を必要とします。ツーちゃんは言葉を理解し話していますが、言葉の使用法や意味理解にはまだ多くの問題点があり、このことが知能検査の結果に影響しているからです。

言葉がもつ多様な意味を正確に理解して、状況にあった言葉の選択ができるように指導しましょう。

とママに伝えました。五歳という年齢と、他のことでは年齢相当か年齢以上のことができるために、言葉も当然わかって使用していると思い込まないで、どのような理解をしているのか、何を伝えようとしてその言葉を使っているのかについて、丁寧に確認し指導していくことがこの時期に必要です。自然に待っていても少しずつ変化はするでしょう。いつになったらどれくらい言葉の理解と使用が発達するかは予想できません。私が言えることは、今のツーちゃんの場合は自然な発達を待つことは効率が悪く、その間のコミュニケーション能力不足のために他の発達を妨げるおそれがあるということです。

「ツーは言語性LDですか？」とママに問われました。知能検査で言語性IQが動作性IQに比較してかなり低く、検査課題間にもアンバランスが見られるのは、たしかに言語性LDといわれる子どもの多くがもつ特徴の一つです。しかし、ツーちゃんは平仮名や漢字や文章を読み、算数的な推理ができ、計算に必要な筆算も教えればできます。しかも現在は、知能検査内容のアンバランス以外にも社会的事態における適応行動の問題が重要な特徴になってきています。たしかに、幼児期初期からの行動特徴はAD／HDを疑わせました。AD／HDはLDの合併率が高いですが、ツーちゃんの特徴全体のなかで知能検査のアンバランスの位置づけを考えるとき、言語性LDであるとは言えません。知能検査の今後の推移と、他の認知検査の併用を試みていくことにします。

以上のことをお話したうえで、ツーちゃんと話すときに、曖昧な聞き方や伝え方をしないよう意識して話すことをママにお願いしました。たとえば、「幼稚園どうだった？」などと聞かずに、「幼稚園で楽しいことあった？」とか「幼稚園でお友だちと遊んだ？」とか「お弁当みんな食べた？」とか、こちらがたずねていることが明確に伝わる言葉から使うことです。「楽しかった！」と答えたら、「何が楽しかった？」と聞くのではなく、「お遊戯楽しかった？それとも工作楽しかった？もっと他のことが楽しかった？」と聞きます。本の読み聞かせや、ビデオやテレビをいっしょに観るときも同様です。ツーちゃんが読み取っていることや感じていることを周囲と共通の理解や表現に置き換えていく必要があります。この時期、他の子どもたちに少し遅れながらも日常生活のすべてがツーちゃんにとって強い意味をもち始めたからこそ、やや強引に見えるほどに介入します。

一部の人からは、子どもの自然な発達や自発性を損なう介入だ…と注意や非難をされるかもしれません。でも、その人たちは、ツーちゃんのようなタイプの発達障害を、その発達過程も含めて、まだよく知らないからそういう助言をしてくださるのです。この介入が、今、必要なことと私は思っています。今このような治療教育的支援を行なうことによって、きっとツーちゃんは自分の周りがよりはっきり見えるようになると考えるからです。やってみて、これは子どもがかわいそう、子どものためにならない介入だと思ったら、どうぞ私におっしゃってください。そのときはまたよくお話しましょう。

とママに言いました。

六　ツーちゃんは自閉症

発達の過程でわかってきた事実をみんなで見つめましょう

行動が落ち着いてきたら、他に気になることが出てきました。こだわりや、感覚過敏や、奇妙に礼儀正しい物言いや、偏食や…。この子は自閉症ですか?

でも、言葉を話せるし、人なつこいし、先生やお友だちやきょうだいに関心はあるし、びっくりするくらいママの気持ちがわかったりするし…。

自閉症とは違っていますよね?心配しすぎですよね?

私もクリニックの小児科医も、実は少し前から考え初めていました。年齢が進むにつれて多動や衝動性が徐々に見られなくなり、それに続いて言葉の表出の特異性や理解のずれが感じられるようになりました。また、独特の感覚過敏、視覚情報の取り入れやすさ、限定された嗜好や嫌悪感やこだわりがはっきりしてきました。「今のツーちゃんを見ていると、自閉症かアスペルガー障害の特徴が見られます」と小児科医は言いました。AD/HDをともなう自閉症という診断はなく、自閉症児が示す多動や衝動性の高さは自閉症にともなう症状の一つとみなされました。私は時々、言語の表出や注意の問題は本質的なことではなく、ツーちゃんの本当の問題は、対人的相互性の不器用さとコミュニケーション能力の特異性とが本質的な問題である広汎性発達障害ではないか…と思うようになりました。

五歳

三歳のとき、ツーは紛れもなくＡＤ／ＨＤだった。でもこのごろのツーは紛れもない自閉症に見えます。自閉症は重たいです。重たい荷物を背負うのでしょうか。ＡＤ／ＨＤでこんなに悩んでいるのに、さらに…ですか。

ツーちゃんのママは、自分のなかに沸いてくる考えを私や小児科医に打ち消してほしいのに、私たちはむしろママの考えに同意せざるをえません。

自閉症の六割から八割が知的遅れをともないます。発達障害をもつ子どもとその親にとって、障害の重い軽いといった区別はないでしょうが、自閉症のなかには成人して後も言語をもたない人や生活上の特別な支援が必要な人が多いので、これまで「自閉症」という言葉はやはり重い障害をイメージさせがちだったことは否定できません。最近になって、知的障害をともなわない自閉症や、自閉症の特徴があるものの言葉の遅れが軽いか、ないタイプがかなりいることが注目されるようになりました。高機能自閉症やアスペルガー障害といわれるタイプです。このタイプは、小学校に入るころにはどちらも言葉を話していますので、見分けがつきにくくなります。しかし、乳児期からの発達のようすを詳しく母親に聞いていくと、とくに言葉の獲得の時期に違いがあります。また、これらのタイプの多くの子どもたちに接してきて私が感じていることですが、人によって多少異なるものの、周囲の人への興味や関心のもちかたについても両者に違いがあるようです。アスペルガー障害の子どもは、人に関心があり関わりたい気持ちはあるのですがうまく関われない。一方、高機能自閉症児は、人と関わらないことに平気でいられる、むしろ一人でいることが自然で苦痛がない、という印象です。

ツーちゃんは、アスペルガー障害タイプであると思いました。ママの不安を否定できないでごめんなさいね。でも発達の過程でわかってきたことに目をつむっていることはできないし、ママに嘘の意見を言うこともできません。みんなで事実をしっかり見つめましょう。

Ⅲ　普通学級に入れたい

一　小学校就学前健診のころ

見通しをもって順序立てて理解し体験すること

「いよいよ」というか「遂に」というか、就学年齢をむかえました。ツーちゃんのママは二年も前から

ツーは普通のクラスに入れるでしょうか。普通クラスで小学校教育が受けられるでしょうか。

と就学の心配をしてきています。人口が少ない地方都市の狭い社会のなかで、特別のクラスに入ることが本人やきょうだいや親族に及ぼすさまざまな影響も心配していました。最近は

この一、二年でこんなに伸びてきているから幼稚園からの仲間といっしょに小学校生活を過ごさせたい。

という願いがさらに強くなり、通常の学級できっとやっていけると確信するようになっています。

ツーちゃんの就学に関してのママの気持ちは、この二、三年の間に変化してきました。ツーちゃんの問題行動に翻弄されていたころは、将来の学校のことがとても心配なのですが、そのことが頭をよぎると考えないようにしていたようです。ツーちゃんは通常の学級に入れない子どもだと考えていましたが、その考えに直面することが怖かったのです。しかしツーちゃんが知的に遅れのない発達障害であることが徐々にわかり、行動の落ち着きや療育の効果が認められるようになって、ママは就学について前向きに考えるようになりました。

先生、決して親のエゴで言うのではありません。ここまで育ててきて、ツーの発達には普通のクラスで教育を受けることが必要で効果があると思うようになったからです。きっと多くの人の特別の配慮や支援を必要とするでしょうし、周りの反対もあるでしょうが、私は試してみたい。ツーの発達の可能性があると思うから、普通の学校生活をスタートさせてやりたい。

とママは言いました。

夏休みに入ろうとするころから、就学を控えた子どもをもつ保護者からの相談がふえます。特別の問題をもたない多くの子どもたちとその保護者にとっては、就学前健診は小学校入学への第一段階として期待と希望をもってむかえられるでしょう。しかし、発達になんらかの問題や不安を抱える子どもの親にとっては、この第一歩は

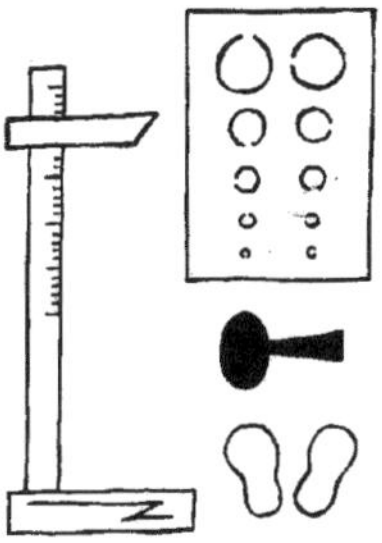

とても重い意味をもっています。夏休みが過ぎてそろそろ就学前健診の時期をむかえるころになると、保護者の悩みが深くなります。

ツーちゃんは、予期しないことが起こったり、予定が突然に変更されたりすると、大あわてになり混乱してパニック状態になってしまいます。また、これまでに経験したことがない新しい体験が待っているようなときには、緊張と予期不安のためにチックが出たり落ち着かなくなったりします。ツーちゃんにとって、幼稚園を終えて小学校に入学することは、まさに人生の一大事です。ママにとっては、通常の小学校に入れてもらえるか否かが大問題ですが、同時に、ツーちゃんが入学にともなう一連の手続きや新たな場面を乗り越えられるかも心配です。母と子の両方がそれぞれに緊張し不安であり、この状況が相互に影響しあってさらに周囲の他の人々も巻き込んで緊張と不安を高めます。

発達臨床心理学的には、「見通しをもって順序立てて理解し体験すること」が、この事態を乗り切るカギになると考えます。そこで臨床心理士は、子どもにこれからどんなことが始まろうとしているかを具体的に説明することから始めます。もちろん対象となる子どもの年齢を配慮して理解できる内容で話します。さらに、生じる事態を想定していくつかの場面でのやりとりをおもに臨床心理士が行ない、対応の仕方を提示します。次に実際の場面を子どもといっしょに確認します。たとえば、その場所に行くことや、使用する物を目で見ること触ってみることなどです。さらに、実際の場面でやりとりを練習します。オリンピック選手やプロの運動選手がよく行なうイメージトレーニングに近い方法です。臨床心理学では、このような方法を用いて、苦手意識の克服や過去の経験からくるマイナスイメージからの解放を試みることがあります。

ツーちゃんにもこの方法をとることにしました。小学校に入学する前に入学予定の学校で就学児健診があること、そのときにはこれまで幼稚園でいっしょに過ごしてきたお友だちと違う子どもも来ること、数人で教室に呼ばれて簡単な質問や課題が出されること、洋服を脱いで身長や体重を測ったり、視力検査をしたり、お医者さんともお話をすること、これらはママと離れた場所で子どもたちや先生方といっしょに行なわれること…などなどおよそ想定されることすべてを話し、紙に文字で書き示します。ツーちゃんは「就学児健診」「身長・体重測定」などの文字を知りませんがこのまま書き示します。当日になって校門や検査室に貼られた案内表示を見ても不安を抱かないように、貼り紙に書かれる文字どおりに書き示すことがポイントです。ママにも入学予定の学校にも協力をお願いして、就学児健診に向けての予行練習の開始です。就学児健診になぜこのようにこだわるかは、実はママの「普通のクラスに入れたい」という願いと関連しています。ツーちゃんは、通常の学級で他の子どもたちといっしょに学べる力が育っており、多くの子どもたちといっしょに学ぶことによって発達が促進されると考えます。しかし、はじめての経験には弱くていつもの力が出せなくなります。そのために入学の前段階で大きくつまずくことはできるだけ避けたいと思います。環境の大きな変化に対する戸惑いは、本来ツーちゃんがもっているプラスの側面を隠してしまうと同時に、新しい場面に対するマイナスの感情をもツーちゃんの心に生じさせかねません。ツーちゃんが学校を楽しい場所とみなし、また他の友だちからは理解をもって受け入れられるために、最初の一歩はとても重要な一歩です。

二　ものすごいチックが続いています

必要なリハーサルはすませました、でんと構えて

ツーはものすごいチックが続いています。かわいそうなくらいです。体のあちこちが動き「止まらない！！」と本人も困っています。チックじゃ死なない、と大きく受け止めています。きょうだいも不安定で、一人は夜中に目覚めてわけのわからないことを言って大泣きし、大パニックに陥り大事になります。ちょっと背筋がぞっとするような光景になります。病気ではないと医者に言われましたが原因はわかりません。私が不安な顔をしているのかな？ピアノの発表会が二週間後にあるからかな？何が原因かな…。このままツーのチックと同様に放っておくべきなのでしょうか。

ママからのファックスです。

やるべきことはみんなやりました。ツーちゃんへの説明も、就学児健診場面を想定した行動リハーサルも、実際の学校や教室見学もすませました。でも（いや、だからこそ？）、近づい

てくるカレンダーの日付はツーちゃんの不安をつのらせています。こんなシミュレーションをするから、本人の不安を増強し、親やきょうだいをも不安定にしているのは事実です。では、試みなかったらよかったかというと決してそうではありません。このシミュレーションは試みるべきことです。結果はきっとだいじょうぶです。ツーちゃんのこれまでの発達過程と、ママの理解力と実行力から判断して、きっと乗り切れます。これまでツーちゃんのようなタイプの子どもたちとともに勉強してきた臨床心理士の経験が、この方法でだいじょうぶといっています。精一杯頑張ってベストを尽くしたから、不安で緊張することでしょう。だって、これまでのツーちゃんの生活で、このような経験は初めてだからです。つまり、自分があることを心配していることということを意識し、それに対処する方法を考え、実行し、心配を乗り越えようと行動することはかつて経験しなかったことです。これまでは、おもに周囲の人々が問題を認識して対処してきました。今回の主役はツーちゃんです。ツーちゃんが認識し対処するのです。大きな不安と緊張を感じていることでしょう。

「お母さん、しっかりして、でんと構えていてください」の決まり文句は言ってもほとんど役に立ちません。

これはしょうがないです。健診がすむまで仕方ないです。チックも夜驚もそっとしておきましょう。ああ、みんなが不安なんだ…と感じています。きょうだいには、ツーちゃんを心配しているんだね、と言ってください。どの受験生だって、試験前はめちゃくちゃ緊張します。ツーちゃんも思いっきり緊張することがあってもいい、あとからいいことがついてくる、と私は言ってやりたいです。

と書いてママにファックスを送りました。

健診前日の夕方、めずらしく私の携帯電話にママから電話がかかってきました。

ママ「先生、ツーが先生とお話をしたいって言ってます。代わります」

ツーちゃん「…（無言）」

五十嵐「ツーちゃん、緊張してますね？」

ツーちゃん「はい、緊張です」

五十嵐「そうだよね、すっごい緊張だよね」

ツーちゃん「はい。大丈夫ですか？」

五十嵐「大丈夫よ。練習しっかりしたから」

ツーちゃん「はい、練習しましたね」

五十嵐「そうよ。大緊張だけど、エイヤッとやっちゃおう！」

ツーちゃん「はい、わかりました」

五十嵐「少し安心した？」

ツーちゃん「はい、少し安心です」

きっと安心していないかもしれないのですが、ツーちゃんは几帳面

に応答してくれています。「エイヤッとやっちゃおう」の意味はなんとなくわかってくれたのでは…と思っています。

就学児健診が終わってしばらく時間が過ぎました。ママからのファックスです。

すっかりお世話になっております。さきほど教育委員会より電話があり、ツーの就学前健診の結果が出て、一〇点満点中八点だったそうです。つまり、なんら問題のない範疇で、むしろ、就学後の特別な配慮が不必要という方向になってしまいそうです、とのことです。しかも、「よろしくお願いします」「有難うございました」と試験教員に言えて、素晴らしかったとほめられました。私、すごく嬉しかったです。ツーは実力があるんだと信じられるようになりました。

ママ、よかったですね。ファックスのママの文章も落ち着いています。

三　一年生になりました

ツーはその後、信じられないほど周囲の子ども同様、いえ、その子ら以上にしっかりと一年生生活を送っています。チックもほとんどなくなり、明日の支度を自力でやり始めています。信じられませんが、一日あったこと、失敗したこと、できたことをきちんと親に伝えられます。「あれ?なんなんだっけ?ツーは?!?!?…」って感じです。これは、担任の先生の人間性、教育観のおかげと感謝しております。まだ偏食のため給食は食べられないものだらけですけど、なんとか動物的カンで生きています。こぼしてしまったり、相変わらず不器用さからくる失敗はありますが、自ら「先生!ごめんなさい!」と大声(これがまた必要以上の大声ですが)で謝ったり、給食の献立のなかに肉しか食べられるものがなく、クラスの友だちに肉をもらうため、お皿を持って「お肉ください」と歩いたり…。なんとかコミュニケーションもはかってやっているようです。結構周囲を笑わせて

くれているようすです。変だけどユニークなかわいい子と見てくださる先生方も多いようで、滑り出しとしてはまあまあといった感じです。先日は朝、ツーへ電話をありがとうございました。でも、毎日毎日、不安と心配の波に襲われています。

　ツーはだいぶ自己コントロールができるようになってきました。二、三年前とは人間が違うようです。現在は、理解ある担任と副担任（おつきの人…とツーは言っています）に恵まれ、しょうがない行動（立ち歩き、全体からの多少の乱れなど）はあるものの、まあまあ許せる範囲というものです（しかし、ノーマル児だったらパーンチ！の気分ですが…）。AD／HDでもLDでも、こうやって支援があれば、人並みに生きていけるんだと感謝しています。ツー自身の発達レベルもあるのだと思いますが、早期に療育を開始し、早期に二次障害にも対処できたおかげと、改めて主治医や五十嵐先生や療育の先生にお礼申し上げます。先生方が、私（親）をコントロールしてくださったからです。五十嵐先生、一歳から六歳が勝負でしょ！！！信じて待つ、目先よりも遠い先、というのは、母も忍耐、忍耐、ど根性です。岩壁の母のことを思えば、先があると思えば、幸せですものね（たとえがすごい？）。

　今日、ツーは学校で注射をしてきました（ツベルクリンです）。それはそれは、大泣き

で、町中にひびきわたる大声で帰ってきました。パニックはなく、ただただ「痛かったあーーーん、頑張ったあーーーん」という泣きです。先生！成長してますよ！ツーちゃん！

ママからのファックスは、感嘆符、疑問符、傍線が駆使され、はずむ気持ちが伝わってきます。ただ、一年生だから、「ちょっと変わっていてユニーク」とみなされてすんでいるのかもしれません。

Ⅳ 小学校で生活するということ

一　土曜休日

規則性と例外

今春から、第二と第四土曜日は学校がお休みになりました。土曜日に行く日と行かない日があることがツーには納得しかねることで、ずっとこの土曜日に悩まされています。「ツーは、行く、行かない、行く、行かない、の土曜日はきらいなのよー。どっちかにしてー、ママー！！」と今春より騒いでいて、一学期中は、土曜日の朝「学校行かない！」とよく言っていました。担任が、毎週金曜日にしっかり事前指導してくださったり、行く土曜日の朝に電話をかけてくださったり、工夫しながら乗り越えてきました。本日も、土曜日ながらずいぶん平然と通学しているなあと感心している朝でした（中略）。…「ツーは土曜日のこと、どうしてあんなにプリプリ怒っちゃったの？」と聞くと「ママー、ツーちゃんは本当はやさしいのに、おなかのなかに怒り虫がいて、変なこと言っちゃうのよ。ツーちゃん、おなかのなかの声、きらい。退治して。どうしたら怒り虫の声に負けないの?お薬ちょうだい。五十嵐先生にお話して」と言い出しました。穏やかなやさしいツーちゃんの顔で、おなかを押さえながら困っているようす。なんだか見てて私はつらかったです。すぐに必要以上にカッカときてしまう自分に困っているようすです。

これまで長い間、ツーちゃんは土曜日の午前中は幼稚園に行っていました。ツーちゃんの認識では、土曜日はお休みではない日でした。学校に入ったら、その土曜日がお休みになり、しかも困ったことに隔週の休みです。ツーちゃんは規則的なことが変更されると混乱しがちです。「行く、行かない、行く、行かない、の順番がある」という規則性を教えたのは、ママと先生の大ヒットだと思います。ただ、五週目まである月ですとこの順番が違ってしまいます。つまり、「①行く、②行かない、③行く、④行かない、⑤行く、(次の月は)①行く②行かない…」となりますので、五週目と次の月の一週目が二回連続して「行く、行く」になってしまいます。規則性が崩れてしまうわけで、この点はどうやってクリアしたのでしょうか。きっと大変だったと思います。

学校生活は、始業から終業まで時間割にそって授業や休み時間などが進行する規則的な生活です。各学期の指導内容は決まっていて、大きな変更はほとんどありません。このような規則性は、他の子どもにとっても情緒的に安定した環境をもたらすといえます。ですが、何か特別な学校行事やイベントがあるときには、時間割が変更になることがあります。このような特別な変更、言い換えれば「例外」が、ツーちゃんには、とてもとても気持ちが悪い納得できないことなのです。私たちの生活は、日常性と非日常性の組み合わせのようなもので、学校生活も似たところがあります。独特の切り替えにくさは、これからのツーちゃんの生活のなかでいろいろな影響があるものと思われます。

二　運動会

お休みしてもいいよ

ママからのファックスです。

　学校に入学して初めてひどいチックが週末から始まりました。きっかけは私の叱り方だったのですが、もっと違うところに原因がありそうです。運動会です。まじめで純粋な子だけに、苦しさの表現がわからずただ必死についていっているのだと想像しています。今晩は大泣きして「何でみんなが怒るのかわからない！」「死にたい」「生きているのがつらい」「ママ助けて！」…。私も聞きながらいっしょに泣いて「助けてあげる！安心して！大好きだよ！」と言いました。今日は休日ですが運動会が近いため練習がありました。なんとか登校しましたが、元気がなかったと連絡帳に書いてありました。帰宅するといつものツーでした。ただ、チックがひどくなり、口の周りがひきつって「痛い！歯がとれる。ママ、これどうなるの？？」と訴えます。そして今夜も「ママ！怖い！」と言って私の部屋に来ていっしょに寝ました。先週あたりから毎晩このセリフです。

幼稚園のときにも、運動会は大変でした。初めの年はお休みしてもよいと伝え、次の年は見学をすすめました。でも結局、ツーちゃんは参加しましたね。今回は、チックがひどく、不安も強いので、お休みしてもよいと言ってやることをママにすすめました。

運動会が近いある日の夕方、ママから電話が入りました。

ママ「先生、ツーが先生にお話したいって言っています。聞いてやってください」

ツーちゃん「先生、運動会は出なくてもいいって…そうですか？」

五十嵐「ツーちゃんがとてもつらいなら出なくていいと思うよ」

ツーちゃん「私はおバカです。死にたいです」

五十嵐「どうしておバカだと思うの？」

ツーちゃん「友だちができるのにできなくて…、失敗したりするからです」

五十嵐「失敗って？」

ツーちゃん「フラフープが回せません」

五十嵐「フラフープって？」

ツーちゃん「運動会にみんなでやるんです」

五十嵐「そうかー。フラフープをいっせいに回すときにツーちゃ

んは失敗するんだ。だからおバカだと思って、死にたくなるってこと?そうね、フラフープを失敗すると恥ずかしいかもね。そしたら、みんなでいっせいにやるときに見学してもいいし、別の場所に行って休んでいてもいいと思うよ。もし、それがなお恥ずかしいなら、今年の運動会はお休みしてもいいでしょう。担任の先生にもママからお休みの連絡をしてもらうといいね。でも、フラフープがうまく回せなくても、おバカだとは先生は思わないなあ。ツーちゃんはフラフープはうまくないけど、他のことでお友だちがびっくりするような得意なことがあるんじゃない?そういう子をおバカっていう?」

ツーちゃんは、自分が周りの子どもたちと違ったことをしたり、失敗したり、チックが出たりすることを強く意識するようになり、そういう自分をいやがり、治そうとするようになりました。以前は平気でいられたことを強く気にするようになり、

私はおバカ?

私、かわいい?

私、いい子?

と毎朝ママに確認します。自分を外から見ることができるようになってきましたが、その分つらいことも多くなってきているようなのです。

再び、ママからのファックスです。

今日、運動会終わりました。予定日が雨天で延期されたこともあって、朝からいらいら

小学校二年生・八歳

して「なんで学校行くの」と泣きました。でも、今日の運動会、立派でした。ビデオを撮ったのでいつか見てください。担任の工夫で、フラフープは腰で回すのではなく、手に持って動かす動作に変更されました。ツーのように下手な子どもは何人かいたとのことで、先生ははっとされたそうです。先週先生に言っていただいてすべてが整理されたような気がします。親にとっても、本人にとっても、担任の先生にとっても、これが発達臨床心理の役割であり、醍醐味であり、欠かすことのできない連携なのだと勉強しました。

三　小さな勘違いの数々

ソーシャル・コミュニケーション・プロジェクトのこと

ツーちゃん「どうやったらわがままがなおりますか?」
五十嵐「ツーちゃんはわがままなの?」
ツーちゃん「はい、『ものちがい』をします」
五十嵐「『ものちがい』がわがままなの?」
ツーちゃん「違うことがわからないのです」
五十嵐「勘違いのことかなあ。相手がツーちゃんに言いたいことと、ツーちゃんが聞いて思ったことが違ってたってこと?」
ツーちゃん「はい、だいたいそういうことですね」
五十嵐「それで相手が怒ったりするの?」
ツーちゃん「まあ、そういうこともありますね。こういうのはわがままですか?」

ツーちゃんは生活のなかで時々小さな勘違いをします。それは、言葉の理解であったり、表情の理解であったり、場の理解であったりするのですが、勘違いはツーちゃんにとってはとても深刻な問題です。会話のなかで、「驚いて目を丸くした」「疲れて足が棒になった」などと言ったら、ツーちゃんは目を丸くして（！！）固まってしまいました。目は紡錘形であってまん丸ではなく、足が棒に変わるなんてありえない、のです。また、聞き違いも時々あります。テレビ放送で、「ご覧のスポンサーでお送りします」を聞いて、「グランドポーザをお送りします…って何？」と聞き返すようなことがしばしばあります。

勘違いを指摘されても「違う」ことがわからないとパニックになります。違うことがわからないので、言葉や行動を選択するときに不安が強くなって、常に何を選択したらいいかとドキドキしていると言います。学校の勉強では、算数問題で百点をとったりするので、ツーちゃんの勘違いについては周りの子どももおとなも理解できません。みんなが「なぜ？？？」と思います。ツーちゃんも周りの子どもやおとなの反応を見て「なぜ？？？」と思います。コミュニケーションがギクシャクします。

勘違いは、治療教育のなかで丁寧に正していかなければなりません。ゲームなどの遊びや、本読みや、作文や、日記や、いろいろな場面のなかで私たちはツーちゃんの勘違いを発見でき

ます。さらに、ママからの「お知らせ」も大いに役立ちます。状況のなかで勘違いが生じている過程を察して、本人に伝え、本人が「そうか！」と気づくようにもっていきます。言葉や行動の一つひとつでは理解できないことが、前後の関係を説明することでわかってくることが多いようです。

この数年、私と研究スタッフは、このような勘違いに私たちも本人も気づき、その勘違いを正して周囲と共通のコミュニケーションを行なっていくようなトレーニングを試みています。これはいわゆるソーシャル・スキル・トレーニング（ＳＳＴ）です。ＳＳＴは、文字どおりに訳すと「社会的技能訓練」と訳されますが、お互いが気持ちよく集団生活や社会生活を送るために必要なコミュニケーションの方法を学ぶ、という意味だと思います。臨床心理や教育の現場、精神科領域、高齢者のデイケア、一般企業の研修などに広く応用されてきています。

アスペルガー障害や自閉症を含む広汎性発達障害の子どもたちは、社会的相互性とコミュニケーション能力に障害の特徴があります。広汎性発達障害の子どもたちだけでなく、ＡＤ／ＨＤ（注意欠陥／多動性障害）やＬＤ（学習障害）の子どものたちのなかにも、似たような問題を示す子どもが少なくありません。広汎性発達障害やＡＤ／ＨＤやＬＤはそれぞれ異なる発達障害ですが、社会的場面の理解の仕方やコミュニケーションといった点では、共通の支援が必要です。私はこのような子どもたちの主要な問題の一つは、社会的コミュニケーションの問題だと考えます。そしてこの問題は、子どもやおとなとの相互の関わりのなかで、子ども本人が気

小学校三年生・九歳

づくことができ、周囲の人々の丁寧な支援と教育によってプラスの方向に発達的に変化することが可能であると考えます。現在、私と共同研究スタッフは、SSTの考え方を基礎にして社会的コミュニケーションを促す方法をソーシャル・コミュニケーション・プロジェクト（SCP）と名づけて、いわゆる軽度発達障害児に試みています。

SCPは、年齢や障害タイプの近い四、五人の子どものグループを構成して、発達臨床心理学の専門家がスタッフとして入り、構造化された環境（つまり、子どもたちがただ自由に行動するのではなく、ルールがありおとなの介入がある場面）で社会的相互性や言語コミュニケーションのトレーニングを行なうものです。子どもたちが親しみやすい課題やテーマを準備して、遊び感覚も入れて行ないますが、中心にあるのは、子どもたちの状況理解とコミュニケーション能力の発達の促進です。勘違いを見つけ、子どもたちの気づきを促し、どうしたら共通理解に至るかを探っていくことも、SCPのねらいの一つです。

ツーちゃんも、このSCPに幼児期から参加していましたが、小学校に入っていくつかの理由で中断しました。しかし、言葉でのやりとりが深まってきたので、私とツーちゃんは個別の対話でSCPができるようになってきました。

四　給食時間は一人がいい

感覚過敏について

ツーちゃんの学校は、各教室ではなく「みんなのホール」で給食を食べます。大きな明るいハウスで、給食時間中は軽い音楽放送が流れます。和やかな楽しい食事時間ですが、

ツーちゃん「できれば他の部屋で給食を食べたい。曲全部がきらい」

五十嵐「音楽がきらいなの？それともホールのざわざわした雰囲気が気になるの？」

ツーちゃん「どっちもきらいです。給食のときに曲が流れるとうるさいし、次の曲が何かわからなくて、気になって給食が食べられません。クラスにいるときも、自習のときなどみんながざわざわしているとうるさくてたまらなくなります。クラスがうるさいときは廊下に出たり、保健室に行ったりしています」

授業中のとくに話し合いのような場面では、他の子どもたちが普段より少し元気よく話すと、ツーちゃんはうるさく感じます。そういえば、もっと幼いころ、風の音がいやで耳をふさいで

いたことを思い出します。匂いや味や音に過敏に反応します。私たちが「ちょっといやだな」と感じるよりも、もっともっと不快な感じになるようです。私はママとツーちゃんと話し合って、担任の先生にツーちゃんの感覚過敏についてお話しました。そして担任の先生は、通常の日は給食時間の音楽をやめるよう計らってくださいました。他の子どもたちが聞きたい曲をリクエストする特別週間のときは、ボリュームを低くして放送しました。また、教室でツーちゃんがうるさく感じたときは、担任のところに行き「今、ちょっとうるさい」と自分の気持ちをそっと伝えます。そうすると先生は、ひとまずツーちゃんを廊下や隣の部屋に誘導します。それでも落ち着かず、保健室へ行きたいと本人が言うときは、教室に戻る予定時間を確認して保健室に行かせます。三年生以上が全員集合して体育館で行なわれる児童集会では、「こういう場所は苦手です」とツーちゃんが自分から担任に言ってきたので、体育館の真ん中の自分のクラスの場所ではなく、最後列のそのまた最後の席で参加させたそうです。昨年は参加できなかったのですが、今年は変則的ながらちゃんと参加しました。

担任のお話では、このような過敏さは、本人が何かに集中しているときや、話し合いにも積極的に参加しているときには少なく、集中できなかったり体調がすぐれなかったりするときに強く出るようだ、とのことです。担任はクラスの子どもたちに、

ツーちゃんは音に敏感で人よりも物音が騒音のように聞こえやすく、そんなときには心が不安定になりやすいんだよ。でもそういうことってみんないろいろあるよね。特別なこ

とじゃないよね。だからお互いに助け合おうよ。

と話してくださいました。担任のL先生やクラスのお友だちの理解と応援をもらってツーちゃんの小学校生活は半ばを越えました。

通常クラスにいるいわゆる軽度発達障害児は、いろいろな場面で特別な配慮や支援を必要とします。配慮と支援があって自らのもてる能力が発揮されます。しかし、配慮や支援は、ときとして他の子どもたちに不審感情を抱かせ、発達障害の子どもたちに恥ずかしさや劣等感を抱かせます。担任の先生は、このような子どもたち全体の気持ちがよくわかって、発達障害児だけが目立たないように、しかし将来の子どもたちの障害理解をも視野において、きめ細かな工夫をしてくださいます。

V

思春期をむかえて、自分と出会う

一　学校に行きたくない

人の考えや表情が読めなくて、自分の言動に自信がない

最近、ツーが「恥ずかしい」と言うようになりました。よく聞いてみると、人の考えや表情が読めないことがわかっているので、自分の言動に自信がない、そのことが「恥ずかしい」という表現になっているようです。相手の表情が読めなくて、「怒ってる？」「怒ってない？」と私に聞いてきます。自分の特徴に気づき、少しずつ私に聞いてきます。本人が希望したので、先日放映された自閉症の映画の話をしてやりました。「自分は障害じゃないですが、よく似ています。自閉症です、きっと」と言っていました。ツーの理解では、「障害」は知的障害のことで、自分は知的な障害はないが自閉症だと思ったようです。以後、「自閉症」という言葉が日常によく出てくるようになりました。ツーは、「自分との出会い、という感じ」と言っていますが、親はドキドキしています。年上のきょうだいは「わかってる」と言いました。ツーが自閉症だということはわかってる、ということでし

ようか。

そう、ママは障害名に関してこれまで子どもたちに何も言わないできました。親の会の活動も、療育や特別な治療教育的指導についても、何も説明なく行なってきました。子どもたちはツーちゃんの障害に自然に気づき、本人やきょうだいはそれを受け入れていこうとしています。

こんなママからのメール（今ではファックスではなくてメールになりました）が届いてしばらくしてから、ツーちゃんは「学校に行きたくない」と言い出しました。

ツーちゃん「理由はわからないけれど学校に行きたくないです」

五十嵐「いじめる子でもいる？」

ツーちゃん「そういうわけではありません。でも保健室が落ち着きます。クラスの友だちと話をするとき、恥ずかしいです」

五十嵐「だんだんおとなになってきたからかしら？自分やお友だちのことを深く考えるようになったからかもね」

ツーちゃん「そうですか。わかりません。Tちゃんが、友だちからきらいと言われて学校へ行きたくないと話していました。私も悲しい。助けてあげたい気持ちがあります。慰めてあげたいけど、もっと悲しくなるかも知れません」

五十嵐「ツーちゃんはお友だちから慰めてもらったらどういう気持ちがする？かえって悲しくなる？」

小学校五年生・十歳

ツーちゃん「嬉しい」

五十嵐「本当に？だったら慰めてやってもいいのでは？」

他者の気持ちを、その立場にたって感じるようになっているツーちゃんの成長に目を見張ります。思春期はどの子にとっても苦しい成長期ですが、ツーちゃんの「自分との出会い」も例外ではなく、というより例外的にもっともっと苦しいかもしれません。

この後、ツーちゃんは学校を時々休むようになり、登校しても所属学級と保健室を行き来するようになりました。学校に行かない日は、学校と同じ時間割を午前中にママがしっかり教えます。午後は自由時間です。一人で英語のビデオを見ていることが多く、聞いてセンテンスを覚えていて、英語で言うことができます。日本語の聞き取りが苦手なのに、英語は昔からすぐ聞いて覚えました。家事手伝いは大好きで、洗濯物をたたんだり、お料理の下ごしらえを習ったり、ママをよく手伝っています。塾にも行っています。塾の個別指導は大好きで週に二、三日行きます。

ママのメールです。

塾の先生は、「教えるとどんどん吸収してよく理解する半面、こんなことが？と驚くような常識が入っていないことがあり、知識や理解がマダラです。入っていないところを埋めていきましょう」と言われました。本当にそのとおりです。ツーは不登

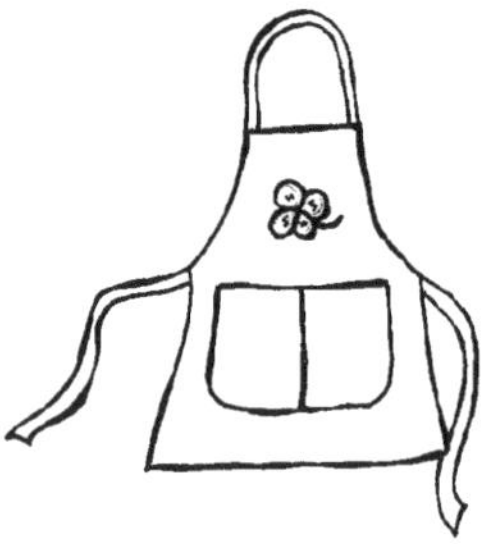

校傾向ですが、それなりに充実して安定して過ごしています。ただ、時々、「私は生まれてきてよかったの?」とか「私は必要な人間かな?」とか「ママ私のこと好き?」とか、今回初めて「私は障害者だね」と言い出しました。ここまで混乱しながら苦しんでいます。私は「苦手なことがあるタイプだね」と話してあります。そろそろ障害受容の指導の時期かと思います。

小学校五年生・十歳

二　修学旅行のリハーサル

ツーちゃんは二泊三日の修学旅行を控えています。ママと私のメールのやりとりです。

（ママ）

二泊三日、遠い鎌倉方面（一泊）、国会議事堂方面（一泊）、ディズニーランド（夕方帰る）という行程です。六年生になってからすぐの行事なため、今（五年生）から、班を決めるなど、いろいろ準備をしています。ツーはかなり不安定になっていて、AD／HD爆発！です。ウロウロウロウロ…。オランウータンも真っ青！って感じです。そこで、親としてできることを整理してみると以下のようになります。

①行く先々の旅館を事前に見学に行く。

②下見をツーといっしょにする。

③買い物学習を事前にしておく。

どんな参加方法がいいのか悩んでいます。事前に下見をするほうがいいですよね? もう六年生なのだから、下見に行く必要はないのかな、と思ってみたりもします。すみません。お忙しいのに…。

（五十嵐）

ツーちゃんの修学旅行の件ですが、下見に行くかどうかは本人に聞いてみたらどうでしょう。年齢が高くなって、経験も積んできているので、かつてのツーちゃんとは違った対応が可能かもしれません。たとえば、行く先の写真や、泊まるホテルのパンフレットや観光スポットの概説書などを使って、日程やコースに沿ってお母さんといっしょにくり返し確認したり、説明してもらったりすることで案外安定するかもしれません。実際の場所に行かなくても、イメージしたりシミュレーションしたりすることが不安を和らげるならばそれもよし、もしそれではとても心配ならば下見をするもよし、どれをやってみたいか聞いてみてください。

（ママ）

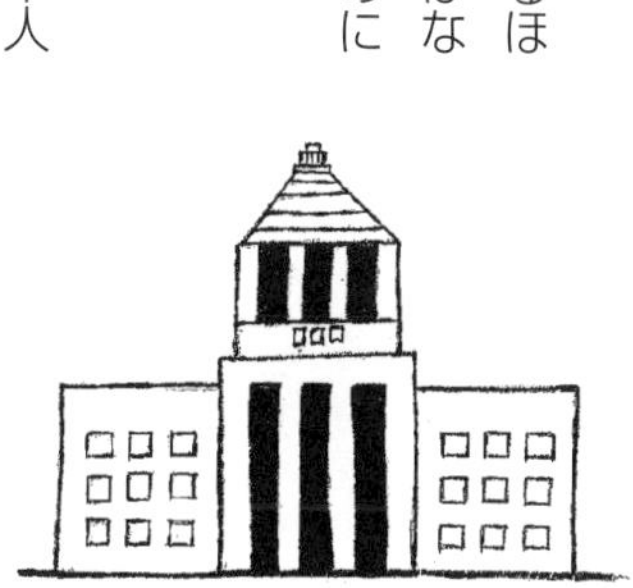

お忙しいなか、具体的なアドバイスを本当にありがとうございました。感謝の限りです。実は昨夜ツーとその修学旅行の支援方法を話し合いました。するとツーは実際に行って見てみたい…との意向を伝えてきました。

ママは初めのうち迷っていましたが、ツーちゃんの希望を尊重して、結局ツーちゃんとママは修学旅行の下見に出かけます。学校からいただいた日程表どおりの時間に家を出発し、ツーちゃんとママは修学旅行のコースを周ります。事前に連絡してあった鎌倉の旅館では、従業員が宿泊予定の部屋や食堂やお風呂場や洗面所などを丁寧に案内してくれ、どんな食事が出るかも説明してくれました。東京では、路線図を手に旅行当日の移動に使う電車やバスに乗って見学箇所に行きます。みやげ物店やデパートを実際に見て買うものと金額を決め、買い物学習のリハーサルもします。ざわめきや身体接触が苦手なので、何人かの子どもたちと同じ部屋で布団を並べて寝ることと、みんながいっしょに寝転がって雑談をすることがツーちゃんの悩みの種でした。その場にいられなくなるかもしれないと不安がっていました。これらの心配がすっかりなくなりはしませんが、実際に部屋を見て広さを確認したので、当日の状況がイメージできてかなり安心したようです。下見を行なったことは大成功で、本番の修学旅行は、緊張はしたものの大きな問題は起こらず無事終了しました。

三　ママからの報告メール

センターからの親・先生方への「宿題」

その後、ツーちゃんについてのママからの報告メールです。

現状は次のような生活です。

朝八時三〇分に私と車で学校へ登校。

担任と保健室にて「一日の流れを確認」。

特別支援教室にて個別授業。

午前中の四時間はほぼマンツーマンでその時間に空いている教師が対応。

いい対応がなされているようです。

教科での遅れはほとんどなし。自宅で追っかけていたので、教室の仲間とほぼ同時進行。

絶対描かなかった「絵画」を描くことができたり、家庭科の被服室にて二時間、クラスの仲間といっしょに、裁縫ができたり、ツーの安定と学校の体制が安定してきたことが相まって、いい感じに日々を送り始めているところ…。

保健室にて給食を食べて、午後一時三〇分ごろ、私のお迎え。

午後は町のプールにて貸切の状況で水泳を楽しむ。

夕方は塾にて勉強（月、火、木の三日／週）。塾はまる一年通っています。算、国、英の三教科です。講師と塾にお願いと懇願により、特別に、時間は一時間（通常は一時間半）。

内容もLD的指導をお願いしてあります。「視覚的な情報を取り入れ、説明は短文で」。集中困難なときは休憩を入れて水分補給とトイレ。指導のなかに達成感をもてる組み立てを工夫。理解を促すために本人に確認をしながら進めていただく。などなど…。

すべて個別にて指導が可能になり、ツーもいやがらずに通っています。

こんな日々を最近は送っています。かなり安定はしてきていますが自分と他人との確かな「違い」に苦しんでいますね。困難なことを抱えて生きている人はたくさんいて、そのなかでツーは、
①人といっしょにいるのが苦痛になってくるときがあるね。
②すぐ焦ってしまい、ドキドキしたり、ぎゃー！！と困ってしまうね。
③集中が困難になるときがあるね。
④すぐ「私はダメだ～」と落ち込んでしまうね。

⑤自分のきまりが多いね。
⑥うまく自分の気持ちを伝えるのが苦手だよね。
⑦初めての場所や初めて会うということがものすごく緊張しちゃうね。
といった困ってしまうことがあるけど、でも一方でツーは
①大好きなビデオやDVDやビデオカメラやママがわからないような機械の操作をすぐ！理解しちゃうね。手引きを読まずによくわかると感心しているよ。
②字が綺麗だね。
③集中するとすぐ！覚えちゃうね。なかなかみんな覚えられないのにすごいことだよ。
④洗濯干し、米を炊くこと、掃除機かけ、洗濯たたみ、食器洗い、風呂沸かし、野菜の皮むき、お料理のお手伝い、これは誰よりも早くて上手だよね。ママが一番頼りにしているよ。
⑤先生やパパやお友だちの気持ちをよくよく理解できているね。気をつかっているのをよく知っているよ。
⑥ごみ捨て、いつもありがとう。
⑦我が家の愛犬のお世話をいつもありがとう。
⑧時間を守るよね。
⑨毎朝着る服を自分で決めることができるね。

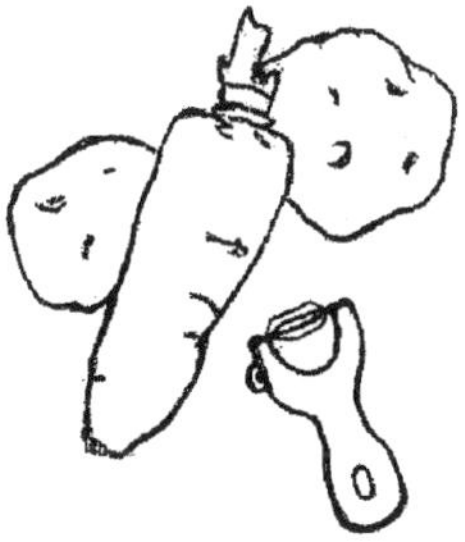

小学校六年生・十二歳

⑩食べたあと片付けてくれるね。

⑪自分の気持ちをママやパパや五十嵐先生やL先生に伝えることができるね。

「こんなことがうまいし、できるよね。つまり…ツーはできることもいっぱいあるけど努力してもできないこと、苦手なことをもっている『タイプ』なんだね」、と、常に話をしています。

私たち臨床家が専門機関で定期的に子どもや親に関わる場合、一ケースに使える時間はせいぜい一時間から一時間半です。この時間をどのように使うかは、対象児の問題の内容や緊急度や年齢などによって異なります。発達障害児の場合は、生育歴聴取や発達評価がすんで、今後の療育や治療的教育のプログラムが組まれますが、私の所属する発達臨床センターでの療育・教育プログラムは多くても月二回しか組めません。子どもの発達状況を実際にこの目で見たい、親から見た子どものようすや感想や困っていることも直接聞きたい、というのが臨床家としての本音です。ですが、体は一つしかなく、待機ケースは多く、臨床活動以外に授業もあり会議もありで、思うような頻度で臨床ケースに対応できないのが私の現状です。そこで対策として、私や臨床スタッフがケースの時間に実際に子どもに関わり、問題の確認や治療教育プログラムの進行状況や妥当性のチェックなどを行ない、その結果判断されたこれからの方針と方法を保護者に伝えます。そして次にセンターに来る日まで、家庭や教育現場で継続して課題を実践してもらいます。つまり、親や先生方に宿題をお願いするのです。センターにただ通うだけでは、やらないよりはやったほうがいい、程度の結果しか得られません。それではもったいないのです。保護者には「負担かもしれませんが、かけた時間とエネルギーは子どもの発達的変化として現われ、必ず報われます」とお伝えします。この点に関して、ツーちゃんのママには、いつも「プロだ」と感心させられます。行き詰って、ときには「もうだめだー！」のメールを送ってきますが、少し時間を置くと、気を取り直して新たな対応策を見つけ出そうと奮闘します。学校の先生方にも果敢に挑み（?）、懇願して連携を獲得してくれます。これらすべてに、ツーちゃんへのママの強烈な愛情を感じます。勉強に関しても、情緒面に関しても、不登校に関しても、このママだから今があると思うのです。

小学校六年生・十二歳

四　自分はどんな人間か

いつでも休憩して、いつでもやめていいよ

五十嵐先生へ
お世話になっています。

ツーと、自分はどんな人間か？というテーマでよく話をします。とくに塾の帰りに車のなかで自分から聞いてきます。

「私はバカ？」

「私は自閉症みたい？」

「私はできないことがいっぱいある？」

「生きている意味がある？」

「なぜ？生まれてきたの？」

「ママとパパは損をしたね、こんな子が生まれて…」

「どうしてできないの？みんなができることが…」

「死にたい」「消えたい」「もうダメだぁ〜」「ぎゃあー！ってさけんでいい？」

「ママ、私のこと好き？」

「パパは、私のこと好き？」

「誰もいない…友だちが…！！！！」

　このような言葉を散々訴えてきました…。だいたい昨年の五年生になったころから激しく訴え始めました。この夏休みに入る前までは同じようなことを言っていました。ところが学習面でかなりできることがわかってきて、つまり、本人が自分の学習能力を理解し始めてきたのですね。解かなければならない問題をだんだん自分の力で解くことができた！という達成感が積み重なってきて、少々の自信が出てきたようです。また、中学への不安をかなり抱えてきましたが、この夏休みに「私立を受験することを決めた」ので、俄然！！生活面、学習面に高い意欲を見せるようになってきました。本当に確実性とパターン化が合体してきて、鬼に金棒状態になってきたのです。すると、

「ママ、私は、やっぱり、自閉症に似ているけど、障害者ではない！と思うことにした」

「ママ、もう、障害者の話はやめて！」

「ママ、今までの自分がイヤになった。二学期からは、『だらしない』をやめる」

「ママ、二学期からは、教室へ行くよ」

小学校六年生・十二歳

「ママ、運動会に出ることにするよ」

「ママ、障害者じゃないから、支援の部屋を利用しないようにしてみるよ」

「ママ、どうして？こんな、しっかり？できない女なの？私は…。ヤダ～。絶対！二学期は、頑張りたい」

というように…。確固たる決意を宣言しているツーです。今にもポキッ！と折れそうなんです。でも、頑張りなさい、とは言いません。納得いくまでやって、いつでも休憩をして、いつでもやめていいよ！と話をしました。突っ走らないように、「ブレーキ！」をかけながら…「ボチボチ」やっていこうね、と話しました。そして「適当」が大切ね！と、確認しあいました。「オーケー」という軽い声が返ってきました。

　軽度発達障害の子らが自分の実態像を受け入れ理解することとの大きな葛藤が、痛々しく、しかし、支え方で、いい方向性を導くことが可能なんだな…と実感しました。しかし、これからの「現実」との戦いが、本人にとって、どれだけ、過酷なことか…。親の私には十分なほど、もう、わかっています。どこまで、このモチベーションが保てるか？短いことと思いますが、この現実を利用しつつ「自分理解」や「自分探し」に伴走していけたら…と覚悟を決めて、この夏休みを終えようと思います。

　これから、また、例の運動会の季節です。百名を越す六年生が一致団結して「組み立て体操」をします。親はみんな泣いて感動する最高の見せ場であるこの「組み立て」。どんなにツーにとってつらく、過酷か、想像するだけで、胸が締め付けられそうです。しかし、本人がやる、と言っている以上。見守るしか…ないですね。

「統合されてくる発達障害」という魔物に、日々、見せつけられている親です。成長が嬉しいやら、戸惑いやら…。ここまでできるようになるなら、なんで？？？もっと早く、統合されないのよ！！と、言いたくなります。散々、親子を苦しめてきて…。

一二歳で、ここまでまとまってくるとは、正直言って想像さえつきませんでした。ここまでいっしょに支えてきてくださった五十嵐先生やI先生やL先生に心から感謝申し上げます。これからが「思春期」ですが、大きな山を一つ越えた感を、今、かすかですが感じている母です。

また、話を聞いてくださいね。ツーの生きているようすが、今後の、この子らの「支援のヒント」になればと、常に思っています。

小学校の高学年ころから、子どもたちは周りと自分の違いを意識し始めます。自分を発見してその子らしくなっていく過程です。発達障害児も同様です。低学年くらいまでは、周りは少し変わった子どもと見ていても本人はあまり自覚がなく、マイペースでいられることが多いようです。しかし、高学年に近くなると、言葉や状況の理解の仕方が他の子どもとずれることや、自分の表現が相手に伝わりにくいことなどを経験し、その違いを意識するようになります。心理的に発達している証拠ではありますが、本人たちの悩みは深くなります。幼児期から学童期

小学校六年生・十二歳

初期にかけての支援とはまた違った側面からの支援と介入が考えられなければなりません。少し強引にでも情報を伝えて子どもの認識の引き出しをふやす方法から、本人の言葉で語られた考えや思いを私たちがすくい上げて言葉で返していく作業が重要になると考えます。

五　私って自閉症ですか

障害受容

今日、ツーちゃんは「私って自閉症ですか」と聞きました。面接室のテーブルを挟んで向かい合い、私を軽く見つめています。「あなたはどう思っているの」と私がたずねると、彼女は自閉症の三つの特徴をあげ、

私は三つとももっていますね。特徴を治さないといけないですね。自閉症は治らないですか。

と硬い口調で言いました。三つの特徴とは、

①学校やクラスの友だちと自然に仲良くできない
②自分の気持ちや考えを友だちに言葉で上手に伝えられない
③友だちは平気なのに自分だけが困ることやできないことがある（たとえば、騒がしいところにいられない、きらいな音がある、きらいなことがたくさんあるなど）

の三つでした。本人はこの三つの特徴を変えることがいかに大変かを経験上よく知っているので、彼女の言葉は重苦しく、気持ちは「治らない」に傾いていました。

ママの話では、この二年間本人のなかで抱えてきたと思われることを、最近になって彼女は言葉でようやく表出してきたということです。この面接の数回前から、ツーちゃんはママや担任教師や保健室の養護教諭に「自分は自閉症ですか」と訊ねるようになり、みんなは答えに窮していました。「五十嵐先生に聞いてみたら…」と言われて、ツーちゃんは私との面接日になると「今日先生に聞いてみます」と言って出かけてきていたそうです。しかしツーちゃんは私に向かって質問をせずに何度か面接を終わっています。前もってこのようすをママから聞いていたので、面接の終盤には「他に私に話していくことはありますか」と訊ねることにしたのですが、彼女は「いいえ、ありません。もう終わります」と答えていましたので、私はそれ以上深追いをしませんでした。まだ話せないのか、あるいは話したくないのだろうと思っていました。

ツーちゃんの言語発達は、一語が言えたのが一歳六か月、二語文は二歳九か月、文章が言えるようになったのは三歳一一か月でした。社会的相互性や行動特徴に関しては自閉症の特徴をもち、かつ言語発達の遅れが軽微ですからアスペルガー障害タイプと考えられます。今日ツーちゃんがあげた三つの特徴が、従来の研究や臨床経験から自閉症に特有のものであると一般的に言われているので、細かい点には触れずに「あなたの考えはだいたい当たっているね」と私

はまず言いました。そして、
　特徴のすべてを治さないといけないわけではないと思う。よい特徴はそのままでいい。たとえば他の誰よりも決まりをちゃんと守ること、自分についてよく考え反省できること、周りの人にやさしくすること、英語や漢字をたくさん知っていることなどは、今のままで少しも困らない。今のままだとツーちゃんが困ることを、少し変えていくことでしょう。

とつけ加えました。さらに、
　自閉症の特徴の一部分はずっと続くかもしれない。でもそれは治らないというより、困らない特徴を少し残しながら続くということです。その人らしさ、つまりみんなが、ツーちゃんはこんなところがツーちゃんらしいねというような特徴になっていくと思うよ。そのためにはどんなふうにしたら困らなくなるかを少しずつ勉強していかないといけないけどね。

と言いました。

ツーちゃん「頑張るとできることですか」

五十嵐「そう思うよ」

ツーちゃん「じゃあ、私頑張ります」

五十嵐「でもあんまり頑張らなくても…いいのよ。頑張るときには多少つらくてもとにかく頑張る必要があるから…いつもずっと頑張ってはいられない」

などと禅問答めいたやりとりでした。心理臨床家としては、彼女の気持ちを正面からしっかり受け止めて、そのうえでできるだけさらりと、しかし過不足なく本当のことを伝えようと思いましたが、年齢を考慮して、自閉症とアスペルガー障害の違いには言及しませんでした。もう少し時がたって、彼女から「先生、アスペルガーって自閉症のこと？」などの質問が出たら、しっかり答えようと思います。

自閉症児では自然に任せて放置したら獲得できにくい事柄があり、それらの獲得には心理・教育的観点からの治療教育が効果的であることが強調されてきました。私たちも、早期発見と早期治療教育を目標に自閉症児への臨床活動を行なってきていますが、欠点を直すという意味合いとは少し異なり、多くの子どもには見られない特徴をもちつつ長所や個性の裾野に近づけることを目指した治療教育でありたいと思っています。自閉症であることは変わらないかもしれませんが、適応の仕方を獲得していくことによって状態像は変化します。こだわり行動や硬くおとなびた言語表現は、几帳面で正確で礼儀正しい言動になり、社会的経験の積み重ねによって状況の理解や融通がきくようになると誠実な側面が長所として浮き彫りになるでしょう。日常生活でのこだわり傾向はあっても、生活に支障がない内容に変化し、周囲からは自分の流儀をきっちりもった人と評価されるかもしれません。こんなことを述べていると、治療教育は子どもたちの自然な発達を妨害するような介入であり、それを強行する心理臨床家は子どもの立場に立っていないと非難されることがあります。発達障害児にとってとんでもなく大変なことを頑張るように促すからには、その心理・教育的介入が子どもたちにとって必要であり発達的変化を遂げる可能性があることに関して明確な根拠をもっていなければなりません。発達障害に関する多くの研究は、この根拠を提示するためなされると私は考えています。

話があちこちいっているようですが、べつに迷走しているわけではありません。前述したようなことを六年生のツーちゃんになんとか伝えたかったのです。自分の問題と向き合おうとしている彼女に賞賛と励ましを私なりに誠実に贈りたいと思います。

Ⅵ　中学への扉

一　ママがパニックです

ママからの真夜中のメールです。

現在、真夜中です。過呼吸ぎみで息苦しく布団から出てきました。またパニック障害の症状になってきました。今、このメールを打ちながら、なんとか正気を取り戻そうと自己コントロールに励んでいます。つらいです。今、私は飽和状況を超えてしまっているようです。自分に力がなく、それもつらいです（中略）。

このまま乗り越えられるのか?それともどこか心療内科系の医師にかかってカウンセリングを受けたほうがいいのか?薬を頼ったほうがいいのか?判断できなくなっています。どうしたら?いいですかね?不安感、息苦しさ、左まぶたの痙攣、怒り、不信感、恐怖感、不眠です。現われている症状です。理由はたくさんありますが（中略）。

精神的につらいです。子どもと家庭から離れたいです。だから、パート勤務を始めました。しかし、久しぶりの勤務でもあり、気を使うばかりで疲労感が強く、これまた精神的に追い込まれています。そんななか、きょうだいの精神的不安定とも一人で向き合うことが多く、きょうだいのパニックは、私のパニックの第一要因ですね。かわいそうなことに、丁寧なやさしい支援をしてあげられていません。ツーはそんな私の対応を、「こういうママはきらい」と言いました。今までは、我慢をして私に言えませんでした。が、今晩は、言えてました。ツーは冬休みの宿題ができていなくてパニックになり泣きました。そんなツーを見て頭にきてしまう私がいるのです。私に余裕がないからですね（中略）。

側面から私を支えてくれた実母が亡くなって後、食事の支度から子どもたちの話し相手と生活は追われ追われ…。とにかく私は、「ギブアップ」状況です。何がなんだか？？わかりません。何をどう考えて生きればいいのか？死にたいとは思いませんので「鬱」ではなさそうですが、軽いノイローゼですね？？

ツーを育てていくにはパワーがいります。当事者とだけの対応のみなら簡単なんです。取り巻く周囲とのパイプ役が母しかいない。今の社会のせいです。母親ばかりのせいにしないで。一人落ち込みながら、見えない社会に向かっています。

今、私に、神様が、与えてくれるなら、たった一日でいいから、まる二四時間。私に、自由を、与えてほしい。寝ていたい。一人になりたい。ゆっくりしたい。自分でつくるしかないですね。そんな一日を…。朝になり、また、子どもたちの笑顔を見ながら、また、

小学校六年生・十二歳

頑張ろうと思えると思います。ただただ…。助けて～が叫びたいのかも?しれません。すみません。五十嵐先生。誰に叫んだらいいのか?不安を伝えていい人が私には少ない?のかな?????（中略）

過呼吸が落ち着きました。整理がつきはじめました。ありがとうございました。

小学校に入学する前、ツーちゃんとママと家族はとても不安になり、緊張し、みんながそれぞれに情緒不安定になりました。今回は、中学進学を控えています。不登校傾向が続いたツーちゃん、塾に通ってしっかり学力をつけてきたツーちゃん、バラバラだった知識をつないで考える力がついたツーちゃん、自分を客観的に見るようになっているツーちゃんです、思春期に入ったツーちゃんにこれからどのような支援が準備されるのか、両親は彼女の発達のために何をしてやることができるのか、中学という環境は彼女にどのように影響するのか、さらに、きょうだいとの関係はどうなるのか…。かつて周囲が考えていたよりも本人の発達がめざましいので、この順調な（?決して順風満帆できたのではありませんが…）発達を妨げたくない思いが周囲の人々にあり、息詰まる緊張です。

学校は子どもたちが一日の大半を過ごす場所であり、その子の一生のなかで重要な影響があるのだ、と改めて思います。ですから、保護者は子どもの学校選びに慎重になり、緊張するのでしょう。とくに、従来の発達障害児教育の枠におさまらず、まだ十分な教育体制ができていない、いわゆる軽度発達障害領域にある子どもたちの保護者は、保育園・幼稚園、小学校、中学校、と入園・入学のたびに心配が生じます。また、子どもが成長するにともない、周囲のおとなは歳を重ね、それにともなう新たな問題や環境の変化も生じます。手も時間もかかる幼児期から学童期の長い子育ての期間を経て、心身ともに疲れが出てきた保護者にとって、発達障害児の思春期は本当に大変な時期でもあります。

私はママ宛てに、メールで次のエールを送りました。

私ね、大変なことが次々重なって力尽きそうでゼーゼーするときに、考えに考えて最後にはいつも、「神様がまだ私にOKを出していらっしゃらないのだ」「もっと頑張れとおっしゃっているのだ」と思うのです。まったく根拠のない勝手な妄想なのですが、不思議に気持ちがすわって、「まだやれるぞ!」っていう気になります。私は特定の宗教を信じていないけれど、人間を超越した大いなる力があると思い、それを勝手に「神様」と考えています。神様が「もういいよ」とおっしゃるまで、毎日を精一杯頑張ろうと思っています。私は能天気な楽天家なのかもしれません。しかし、一生懸命考えるといつもこの結論に到達します。

お返事になりませんでしたけど…。

小学校六年生・十二歳

二　Ｉ先生が作ってくれた「中学への扉」

Ｉ先生が作ってくださった「中学への扉」は、Ａ四サイズ・二枚分くらいのボール紙を、左右から中心線に向かって等分に内側に折り曲げて作られています。前面には赤い大きな文字で「中学への扉」と縦書きされていますが、文字の中心に真っ直ぐ一本の切れ目が入ってて、前面が観音開きになっています。この扉を左右に開くと、なかは小学校と中学校の違いに関する質問と答えの比較対象表になっています。Ｉ先生自ら作成して書いてくださったものです。一番上の横一列に「不安なこと」「小学校」「中学校」「心構え（どうすればよいか）」の項目があり、ツーちゃんが中学について不安に感じていることが左側に箇条書きされています。そして各々の不安に対して、小学校と中学校の違いを明らかにして、考え方や対応を具体的に伝えています。たとえば、勉強時間の長さ、教科担任制、二学期制、新しく加わる教科や部活動、期末テストのやり方、給食などに関して、小学校と中学校では「どこが違うか」「どのように対

応したらよいか」が書かれています。

先生のアイディアに感心しますが、なにより、I先生はツーちゃんの問題の本質をとてもよく理解してくださっていると思います。どんなときに不安を感じるか、どうやったら不安が少なくなるか、どんな伝え方をしたらツーちゃんの感性に入りやすいか、I先生はよーくご存知です。先生は、発達障害に関して特別な勉強をしたことがない普通の小学校教師です。正直言ってツーちゃんは先生がこれまで経験したことのないタイプの子どもだとおっしゃいます。しかし、クラスのすべての子どもに対してそれぞれに教育的配慮と工夫が必要とされるのと同様に、ツーちゃんについても、どのようにしたら個性を生かしてクラスのなかでみんなといっしょに楽しく学べるかを先生は考えてくださっています。ツーちゃんの支援にはひと工夫が必要なので、母親との連絡ノートから得られる情報や、母親をとおしての私とのやりとりのなかからヒントを得ながらいろいろと考えてやってみている、と先生は述べておられます。

私は、発達臨床心理学と教育学は、発達障害に対する治療的教育を考えるうえで共通の部分があると考えていますが、しかし、異なる点も少なくありません。これまで見たことがない問題をもつ子どもや、経験したことがない状況に出会うと、自分が知っている事柄とどこがどんなふうに違っているのか、それはなぜか、をまず考えるのが私の思考パターンです。それから、この新しい状況にどのような臨床的対処をしたらよいかを考えていきます。私は、「ツーちゃん」という個人に特化して行動を分析し、その後の支援を考えようとします。I先生は、クラ

↓　　開くと…

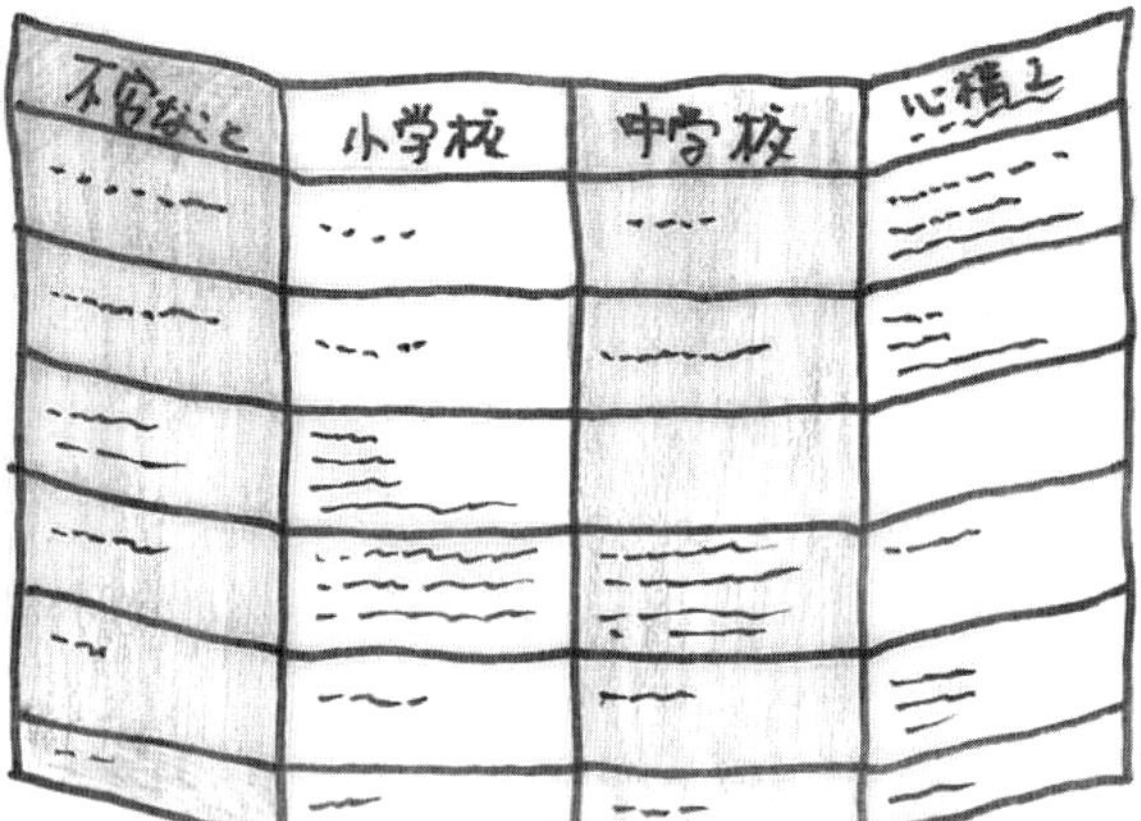

中学への扉

中学への扉

不安なこと	小学校	中学校	心構え （どうすればいいか）
授業時間の長さは？	45分です	50分です	5分長くなりますが、 と中、少し休みながら 勉強すれば大丈夫ですよ。
勉強を教えてくれる人は？	担任の先生	教科ごとに先生がかわります。	きっと、 気が合う先生がいます。 いろんな人と出会う チャンスですよ！
1日のスケジュールは？ （登校時刻）	朝は8：20から 「すくすく」が始まります。 5校時は2：45、 6校時は3：45に終わります。		
新しい教科は？	今は、国、算、理、社、音、 図工、体、家、総合、道徳、 学活	国、数学、英語、理、社、 音、図工、体、技術・家庭、 道徳、学活、総合	英語はバッチリ！
部活動は何がある？	ありません。	文化系と運動系があります。	やりたいことが 見つかるといいですね。 無理をしすぎないことも大切。
服装はどうなるの？	自由です。	原則として制服	早く慣れるといいですね。 初めは上級生が 大きく見えるでしょう。
テストはいつあるの？	単元が終わったら、あります。	2ヶ月に1回	
給食はどうなるの？	今食べている、 おいしい給食です。	小学校と同じような メニューですが、量が増えます。	よくかんで、 しっかり食べましょう。 苦手なものも、 先生に相談するといいね。
他の学校の子と いっしょになるの？	●●小の子だけです。	●●●小、●小の子たちが いっしょです。 ●小の子は ●●●先生を知ってますよ。	新しい友だちができることは うれしいことだね。
先生は何人いるの？	50人位です。	35人位です。	教科によって変わります。 でも●●小よりも少ないです。
学期は？	3学期制	2学期制	リズムがこれまでとは 微妙に違うので、 慣れるまでのガマン！
全校の人数は？	約●●人	約●●人	●小よりもかなり少ないです。

スの他の子どもたちと同様に、子どもたちの一人としてツーちゃんの教育を考えておられます。発達障害児の治療的教育は、それぞれの発達障害の特徴と子ども個人の特性を考慮したプランが必要です。しかし一方では、「教育」という観点からは、根本にある教育の理念と方法は発達障害児であってもそうでなくても変わらない点があります。ピンポイントの観点と、グローバルな観点の双方があって、丁寧で思慮深くやさしい治療的教育は進んでいくのだと思います。

ー先生の教育の腕と心がこもった「中学への扉」を、ツーちゃんはそっと（？）、それとも元気よく一気に（？）、開けようとしています。

三　情緒障害学級へ

「お母さんはまだ障害を受け入れることができないのですか」？？？

ツーちゃんのママの骨身を削るような大変な葛藤の末に、中学校は情緒障害学級に入級が決まりました。進学相談に際して実施した知能検査で、ツーちゃんは大きな伸びを示しました。IQ（知能指数）の数値は、通常クラスで十分学習可能な理解力を示すレベルに位置しています。しかしツーちゃんは、小学校のときのように、気持ちが安定しないときに行けるような教室がないとまだ学校に適応できません。本人も「私が行ってもいい部屋が学校に欲しい」と言っていました。家族のなかではツーちゃんが特別なクラスに入ることに反対がありました。私とママとの間に日に何度ものメールのやりとりがあり、私は保護者と教育委員会の求めで、ツーちゃんの認知や行動の特徴、これまでの発達の経過、今後の発達の可能性などを記載した「入学を検討するにあたっての参考書類」を提出しました。どの教育環境がツーちゃんの発達の支援に最適かを考えに考えて、両親は情緒障害学級に決めました。それでも、「いまだに、

この教室に在籍することがよいのか？？？私自身迷っている状況です。どうしよう…先生！」のメールがひと月に何度も届き、ママの動揺が伝わりました。

中学校で、ツーちゃんはさらに成長発達するに違いありません。今決めたことだからって、この先変更できないものではないでしょう。発達が加速して環境が本人にとって物足りない状況になったら、そのときにまた教育委員会や学校と交渉しましょう。

とママに助言してきました（でも、実はこのことは、考えたようには簡単にいかないのだと、後日私たちは知るのですが…）。

こうして今、ツーちゃんは中学一年生です。ママからのメールです。

今回、中学校は情緒障害学級を選択したおかげで、ツーにとっては願ったり叶ったりの体制を組んでいただけました。ほぼ各教科、専科の教師がマンツーマンで授業を組んでくださいました。すごい！という感じです。

ところで、今度の情緒障害学級の選択で、これからツーのことを他の仲間にどのように説明していきましょうか？担任からも意見を聞かれました。このテーマがとうとうきたか！という覚悟の気持ちでいます。今の段階で、しかもこの人口が少ない小都市のなかで、どのように説明して周りの子どもやおとなに理解を求めるのか、どこまで伝えるべきなのか、教えていただきたいのです。担任は、「周囲の生徒の極端な勘違いや誤解を生まないために、早い段階で本人の苦手なことを説明し、個別指導や周囲の理解の必要性を説明することが大切ではないか」とのご意見です。

迷って決定した教育環境に関しては、個別指導が手厚く、両親はホッと一息つきました。ところがこのあと、母親が学校の求めに応じて、本人の苦手なことや特徴を詳細に説明して、必要と思われる具体的な協力や支援について学校の先生方に話した結果、大変な事態になりました。話が長くなるので要点だけを言います。特別支援の学級にいる生徒には、その生徒にあった特別な支援を手厚くすることが学校側の責務であり、学校はできる限りの支援をしているという先生方のお考えと、本人の障害を理解して障害にあった支援をしてほしいという母親の願いとの間にそごが生じているのです。感覚過敏に対する環境調整が必要であること、普通の環境にも徐々に慣れる（つまり状況によっては通常のクラスに入れる）可能性があること、他の生徒と同じようにできる教科もあるので科目によっては学年相当の課題ができること…などなど、母親があげた特徴や支援は、本人の能力を過剰評価している母親の過剰期待だとみなされました。

「お母さんはまだ障害を受け入れることができないでいますが、もっと気持ちを大きくもって、お子さんを見守ってあげてください。そうでないと本人がかわいそうです。お子さんは情緒障害学級で学ぶ生徒です。本人の能力に応じた支援が必要です」と、こんこんと諭されました。ツーは通常の子どもと同じ能力をもっていないのに、私は障害の受容をしないで普通の子どもと同じ対応を学校に要求し、私の要求と期待がツーを苦しめている、と頭から決めつけています。先生、やっぱり私は選択を間違えました！反論する気にもならない！子どもを託すことができない！他の土地に行きたい！

ママは怒り心頭です。でもこの事態は、ママが伝えようとしているツーちゃんの障害特性が、先生方がこれまで理解してきている情緒障害学級の生徒の特性と大きく違っているため、先生方が理解しにくいことから生じているのであって、学級のなかでのツーちゃんを観察する経過のなかでお互いがわかりあえるのではないかと思います。

私やお母さんは、ほとんど毎日、いわゆる軽度発達障害児に接し情報を見聞きしています。しかし教育関係者であっても、まだ実際に目の前に見て教えたことのないタイプの生徒については、初めは理解が難しいかもしれません。「一見すると普通の子どもと変わらないにもかかわらず…発達上のさまざまな困難をもち…一般的には理解されにくい子ども」という表現を、私もお母さんもこれまでに何度も発言し、文章にも書いて周囲の注意を促してきたではありませんか。担任の教師や関係者は、他の人々よりきっと早く的確にツーちゃんの障害特性をわかってくれると思います。そして、お母さんが期待過剰なドラゴンママではなく、ツーちゃんの素晴らしい理解者であることをわかってくれると思います。観察していただく期間を置きましょう。

Ⅶ 中学校、不登校

一　銀杏の木／胃腸の木

「個性的」といった言葉ですり抜けていくことはできない

今年は例年に比べて暖かい初冬でした。東京都心の銀杏並木の色づきが遅く、人々の話題になっています。「先生、今日ここに来る途中でツーに銀杏並木の話をしました」「ツーちゃん、イチョウの木がようやく黄色になってきたね、って私が言ったら、ツーはおなかを押さえて驚き顔で、私が仰天することを言いました」「ママ、イチョウの木ってこの木のことなの！そうなんだ！この木がイチョウの木なんだ！」「ツーは『イチョウの木』とはどんな木だろうか、不思議な木があるらしいと思っていたようです」。

長い間の勘で、私はママが何を伝えたいかがすぐにわかりました。そして、ツーちゃんが思い浮かべた「イチョウの木」はどんな木だろうか、と想像をめぐらせました。まず、木の枝に「胃腸」がたくさんぶら下がっているかなりグロテスクな絵を思い浮かべました。さらに、木自体が「胃腸」の形をしたこの世に存在しないような木を想像してみました。しかし私の貧困なイメージはここまでです。ツーちゃんがどのような「イチョウの木」をイメージしたかはわかりませんが、この単語が話に出るたびに、きっとはてなマークで頭がいっぱいになったに違いありません。「イチョウの木？」「胃腸の木？」「？？？？」

ママの話です。

この年齢になるまで、本当に『胃腸の木』だと思っていたんですって。どうして「銀杏」だと気がつかないのでしょうか。

これまでの何年かの間には、人の話題や、文章や、写真や、記事などを目にしたり耳にすることがあったでしょうに、「イチョウ」は「胃腸」ではなくて「銀杏」だとわからなかったみたいです。本当に不思議というかなんというか…。

何年か前の『東名高速道路』（『透明高速道路』）のことを思い出しています。そして、ツーちゃんの戸惑いと苦しみの大きさを今またひしひしと感じます。年齢を重ねてもなお続くこの認知のズレがある。これをユニークとか個性的とかいう言葉に置き換えてすり抜けていくことはできない、と強く感じます。

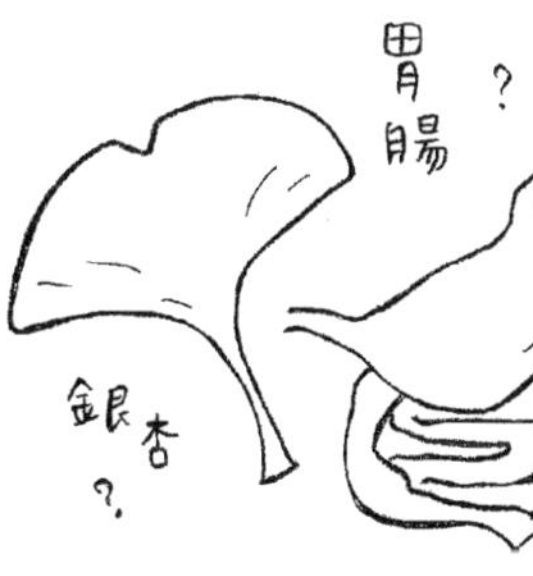

お母さん、やっぱり教えなくては。個性をないがしろにするなんて言わないで、知らないことはすべて、一つひとつ丁寧に根気強く教えるのです。何歳になっても、教えていけないことはありません。新たな発見があるぶん、教えることも多いでしょう。ツーちゃん

が発達し続けているからです。

二　文学作品を読む

挿絵のない教科書

中学校の国語の単元で、文学作品の読解があります。日本文学だったり外国文学の翻訳物だったりします。小学校の国語の教科書に載っているほとんどの物語文には挿絵がありますが、高学年から突然挿絵が少なくなり、中学校ではまったくないに等しくなるそうです。ツーちゃんは読書がきらいではありません。しかし、国語の文学作品には苦戦しています。

ツーは物語を読んで状況を思い浮かべることがとても苦手です。言葉を知らなかったり、書いてある言葉から私たちとまったく違ったイメージを思い浮かべたりします。小学校の国語の教科書は挿絵が多いので、内容理解の助けになりました。でも、高学年になると急に挿絵が少なくなって、しかも文章も内容も高度になるので、物語の読解には苦労してきました。ある昔話の単元のときです。「いろりで炭火がパチパチ燃えています。空に雁の群れが飛んできました」。こんな感じの文でした。…先生は想像できますよね。ツーがなんと言ったか…。「がん？ママ、癌なのこの人？（たぶん頭のなかは癌の群れ？飛んでくる？空を？癌が？）…火がパチパチ燃えて火事になるの？」ツーの頭のなかは疑問符の連続です。

書かれているのは日常生活ではほとんどみられない状況の描写です。雁とかいろりとかの言葉も知りません。ツーちゃんがイメージできるのは、病気の癌と、火事と直結するパチパチ燃える火、です。ツーちゃんは、自分の知っている言葉と意味を拾い上げてイメージしているのですが、それぞれが断片的で、状況と結びつかない意味をつけているので、本人は何が書かれているのかさっぱりわかりません。

メモ帳をかたわらに置いて、「いろり」「炭」「炭火」「炭火がパチパチ燃える」「（癌ではなくて）雁」「雁の群れ」などの絵を、それぞれメモ用紙一枚に一つずつ描いて示しました。描いてやると「エー！こういうこと！そうなんだ！」ってわかるのです。メモ用紙に書いた絵を並べて全体の状況をつくって示し、文章と対比します。単語、形容詞、動詞、副詞なども含めて、文章しか書いてない物語のなかに出てくる言葉をかたっぱしから絵にしました。物語絵巻物です。

ママのすっごいアイディアです。描いて視覚的に示してさらに説明をすれば、「葉巻をくわえた紳士」は「薪をくわえているおじさん？」ではなく、「葉巻に火をつける」ということは「薪に火をつける？」「火事になっちゃう」ということではないらしいとツーちゃんは理解でき

ママの物語絵巻物

中学校一年生・十三歳

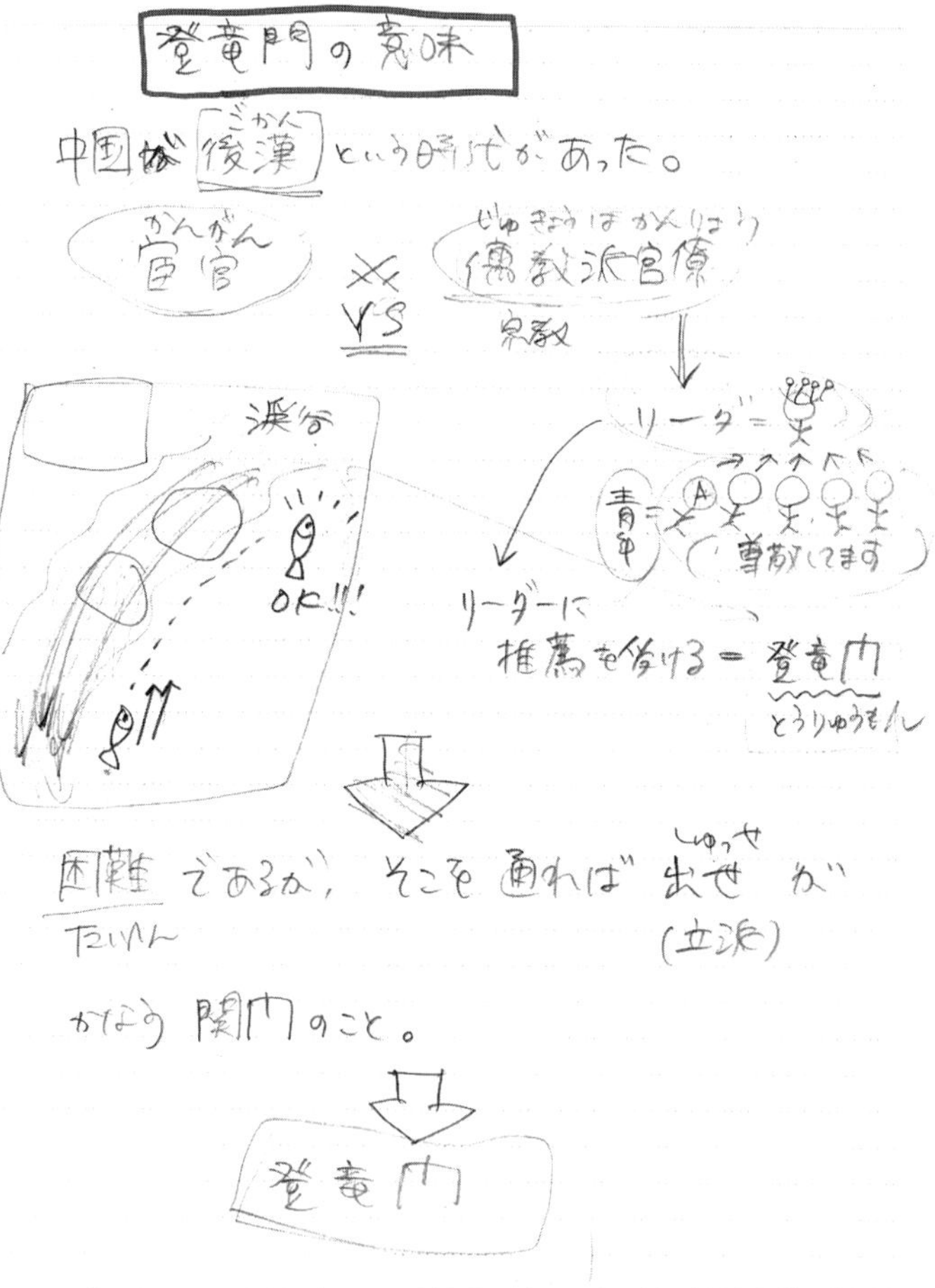
登竜門の意味
中国が後漢《ごかん》という時代があった。
宦官《かんがん》
VS
儒教派官僚《じゅきょうはかんりょう》
宗教
リーダー＝
青年＝
尊敬してます
渓谷
OK!!!
リーダーに
推薦を受ける＝登竜門《とうりゅうもん》
困難《たいへん》であるが、そこを通れば出世《しゅっせ》が
(立派)
かなう関門のこと。
登竜門

「登竜門」とは？

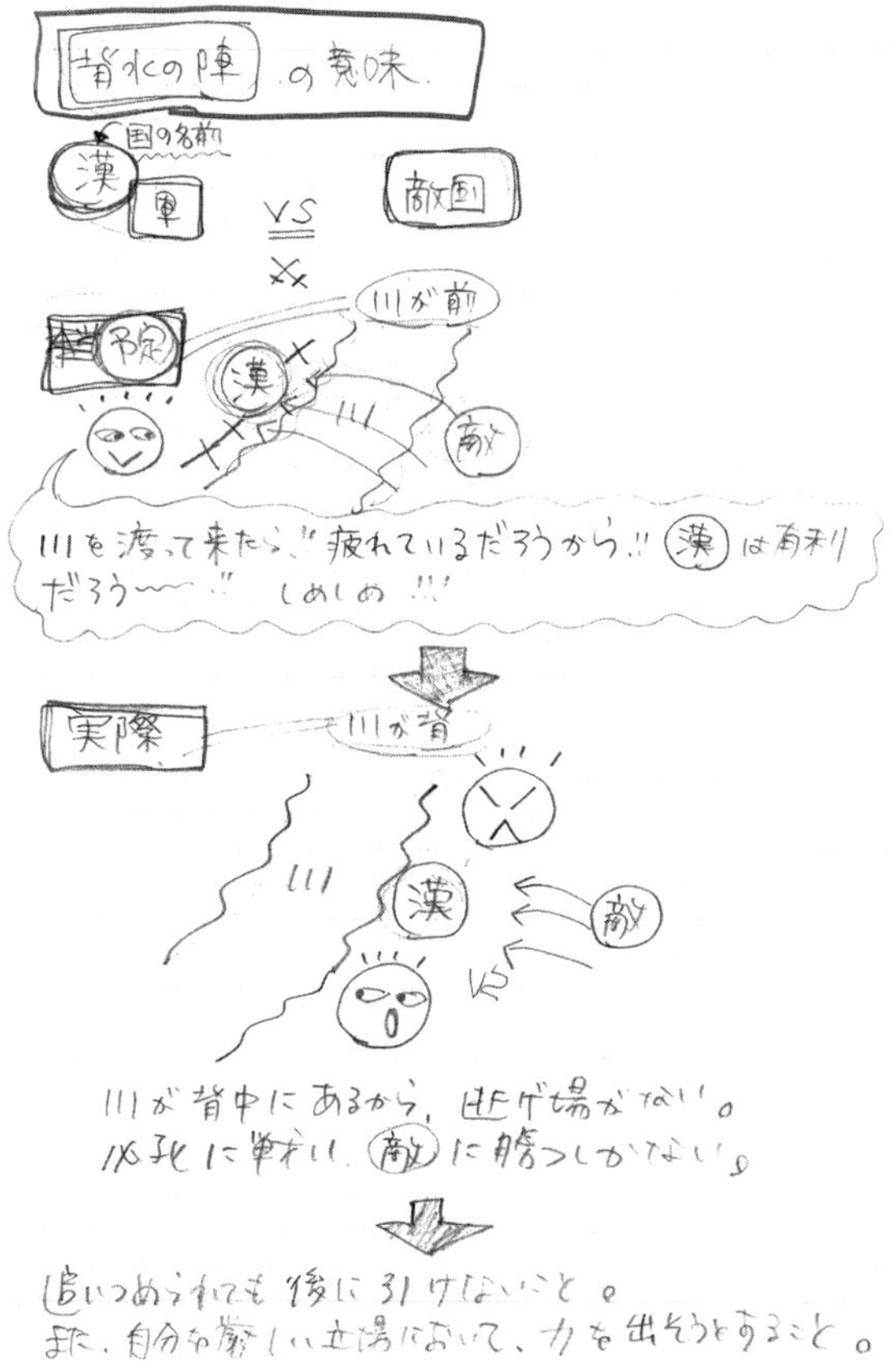
背水の陣 の意味
国の名前
漢 軍
VS
敵国
川が前
予測
漢
川
敵
川を渡って来たら、"疲れているだろうから!! 漢 は有利だろう〜〜" しめしめ!!!
実際
川が背
川
漢
敵
川が背中にあるから、逃げ場がない。
必死に戦い、敵に勝つしかない。
追いつめられても後に引けないこと。
また、自分が厳しい立場において、力を出そうとすること。

「背水の陣」とは？

ます。「窓の外には、色あせた湖が、丘の多い岸に鋭く縁取られて、遠くかなたまで広がっていた」「部屋にランプをともしたら外は青い夜の色」などという情景は、ママが渾身の力をこめた絵の説明があればこそ理解可能になります。ママはこんなことも言いました。

文学作品の読解のための副読本があるといい。情景を絵に描いた絵巻物の副読本です。一年間の国語の課題のなかで、長文の文学作品の単元は一回だけです。だから、一年に文学作品の単元一回分の副読本があればすむのです。

本当に、ツーちゃんのようなタイプの生徒にとって、こんな副読本があればどんなにか助かることでしょう。「文字や言葉から情景をイメージすることが文学作品を読む意義なのに、絵に描いてしまったらみもふたもない」とおっしゃる国語の先生もおられるでしょう。もっともなのですが、ツーちゃんには今この助けが必要です。そして、この助けの継続が、やがて助けを借りずに情景を思い描けるようになり、私などはもちあわせていないあっと驚くような特有の感性や考えを言語化して伝えてくれるようになります。いわゆる軽度発達障害（知的に遅れがない発達障害）児は、最適な支援があればその先を自分で開花させる可能性をもっているからです。

三　不登校児の日課表

「希望」に近づくために

ツーちゃんは秋ごろから学校に行けなくなりました。夏休みの面接では、母親と学校の関係を心配して、疲れを口にしていました。

　ママは学校の先生と仲良くなって私のことをいっしょに応援したいと思っている。ママが苦しい思いをしているので助けたいが、何もすることができない。学校の先生も心配して私のことばかり見ている。ありがとうと言わないといけないがちょっと放っておいてほしい。

と言いました。私は、ツーちゃんに

　他の人の気持ちを考えて悩んで疲れが出てしまったので、学校から少し離れてみよう。でも、お母さんと先生の両方を思いやってくれて、ツーちゃんはやさしいですね。

と伝えました。ママも、ツーちゃんがここまで他者の立場を理解して考えを巡らせ、しかも自分の気持ちを表明できたことに感激し、一方で本人を追い込んでしまう状況をつくったことをしきりに反省しています。

　中学生になると教科の学習は内容が専門的になり、さらに学習量も多くなります。ツーちゃんにとっては、小学生時代の内容よりも、教科ごとに専門化した中学校の内容のほうが理解しやすいようです。それで、不登校になってもこれまで以上に関心と意欲をもって日々の学習に向かっているそうです。ツーちゃんは自分で計画をたてることが苦手です。今日一日の日課も、何をどこから始めたらいいか、どこにどれだけの時間をあてるか、順序立てて流れを組み立てようとすると、頭のなかがゴチャゴチャになってしまいます。今は、ママがその日にツーちゃんがやる事柄を順に紙に書いてわたし、ツーちゃんは自分がやり終えたところに線を引いてチェックしていきます。塾やママから出された宿題、読書、ウォーキング、プール、外でのランチ、ときには自室の大掃除などがあります。自由時間の内容は本人任せですから記載されていません、ママが書いたある日の課題表です。この日は、午前中に漢字と数学と理科と国語（本読み）の家庭学習をして、一一時一五分に車で連れて行ってもらって耳鼻科を受診、その後一二時から一三時半までママといっしょにウォーキングをします。遅めのランチをとったあと家に帰り、その後はフリータイムです。毎日この日課表にチェックを入れながら、ツーちゃんは予定の立て方や時間の見積もり方を学んでくことでしょう。

　ママは毎日毎日、学校に行かないツーちゃんの日課を決めて本人に伝え、ツーちゃんは几帳

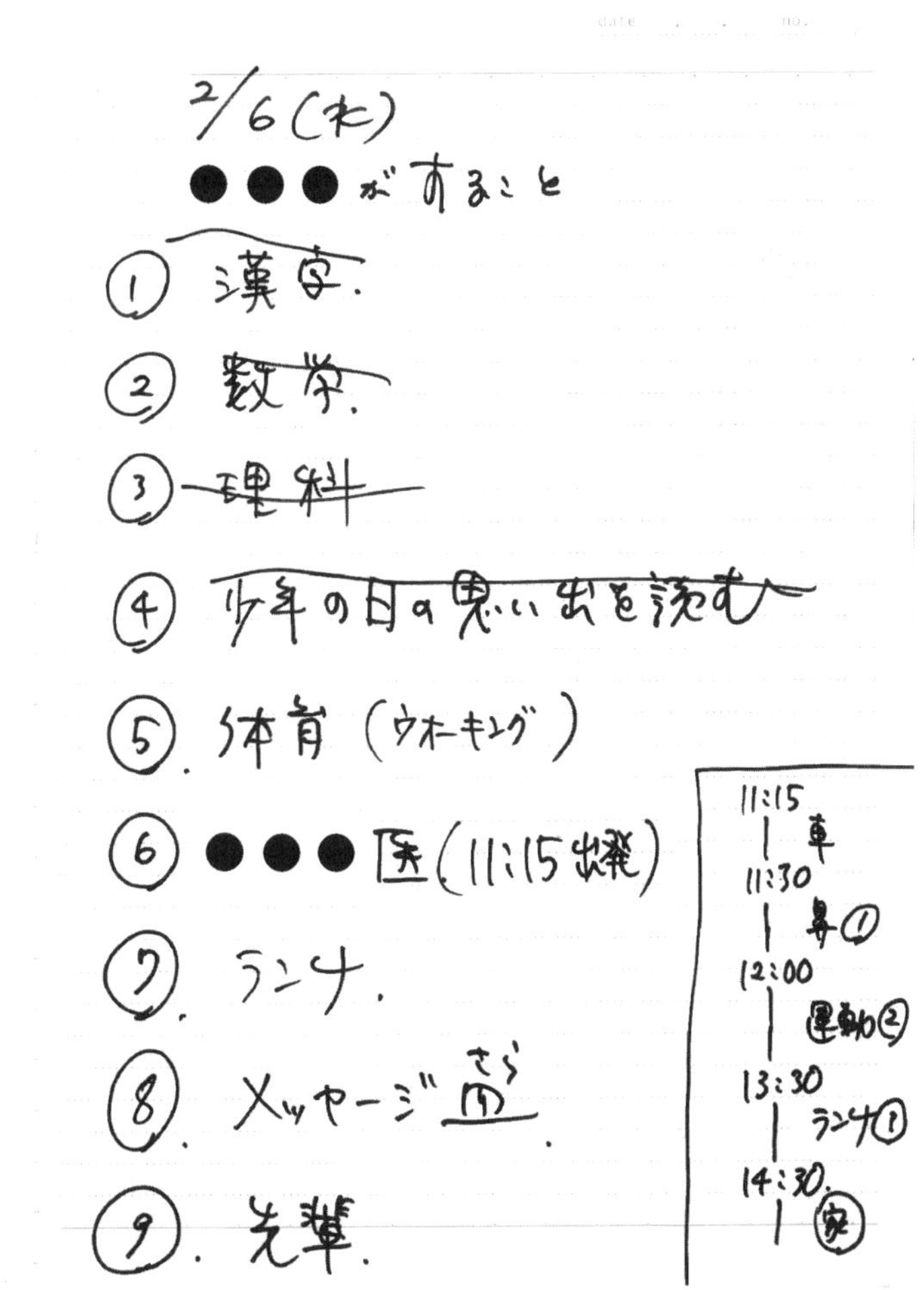

2/6(水)

[redacted]がすること

① 漢字.

② 数学.

③ 理科

④ 少年の日の思い出を読む

⑤. 体育(ウオーキング)

⑥ [redacted]医(11:15出発)

⑦. ランナ.

⑧. メッセージ皿《さら》.

⑨. 先輩.

11:15 車

11:30 暑①

12:00 運動②

13:30 ランナ①

14:30. 家

ある日の日課表

面に日課をこなしています。ママの意向で決めるというより、ツーちゃんの意識のなかで自覚されながらもバラバラに存在している「今日やること」を、ツーちゃんに代わってママが順序立てて助けてやっているのです。

これでは「教育ママゴン」といわれますかね。でもツーには毎日その日にやることを決めてやったほうが安定して過ごせるのです。一日の予定、一週間の予定、一か月の予定などの順を並べて提示されると先がわかって安心なのです。ツーは今学校に行けていませんが、勉強したいという気持ちはあるので、もし行こうという気になったときに、学習の遅れが足を引っ張らないようにしておいてやりたいです。先生もそう言われましたよね？

私は、かつて不登校が社会の大きな話題になった時期、不登校のどの子に対しても登校刺激を与えずに本人のやる気が出るまで何年でも待つという方法には疑問をもちました。不登校に陥った子どもが学校に行くように周囲から強要され続け、すっかり疲弊してしまっている状況では、しばらく学校に関する刺激から遠ざけて静養させる必要があります。しかしその後は、不登校の原因に応じて治療と支援が考えられなければなりません。不登校には何通りかのタイプがあります。タイプや時期によっては、本人の生活のリズムをつくり背中を少し押してやることが効果的なことが少なくありません。どの場合でも「行くまで待とう」の対応では事態を長引かせて「行かない」状態に固着してしまうおそれがあります。学校に行かないからといって、夜更かしや朝寝坊が続いたり、テレビやゲームなど気ままに好きなことをして一日を過ごしたりすることは、ほとんどの不登校児の予後によい結果をもたらしません。ツーちゃんの場合も、本人が将来はどこかの高校に行きたいという希望があったので、希望に近づくためには学校に行かなくてもできるだけ他の子どもたちの日常に近い生活をするように助言しました。母親が私に確認しているのはこのことです。学校に行けない子どもに勉強などさせてはいけない…という批判もあるので、母親も少し不安なのでしょう。

でも大丈夫です。だって、ツーちゃんはお母さんや塾の先生とやる勉強がよくわかるからきらいじゃない、と言っているのですから。

四　学習課題

教育における本当の平等とは

ツーちゃんは、一一月半ば以降不登校を続けています。しかし、あるときから本人が週に一回は登校することに決めました。月曜日です。

どういう考えで週一回登校することにしたのか、なぜ月曜日なのか、理由はわかりません。朝はごく普通に「行ってきまーす」と出て行きます。あまり深く理由をたずねていませんが、まったく学校と切れてしまうのが不安なのかもしれません。あるいは本人なりの別の理由があるのかもしれません。でも、行くと決めた月曜日は休まず登校しています。情緒学級に行って授業があれば受け、ないときは自主勉強をして一日過ごしてきます。というママからの報告です。学校に行かない日の午前中は家で宿題や自主勉強をし、午後は好きなことをしたり、家事を手伝ったりして過ごします。学校で出された宿題は、次の週までに必ず終わらせます。

ツーちゃんをまったく教科学習の対象とみなしておられない先生、少しは課題を出してくださるもののツーちゃんの能力レベルよりはるかに低い課題でよしとされる先生、通常学級の生徒と同じ課題を出される先生など、ツーちゃんの学習課題に関する対応は教科担当の教員ごとにいろいろです。

期末試験では英語は七七点でした。その後の三者面談のときに、先生はツーを前にしてほめてくださいました。「学級で授業を受けていても一〇点や二〇点台の成績の生徒もいます。授業に出られなくて自分で勉強して、平均点よりもはるかに高い点を取ったことに感心しました」と言ってくださいました。

ツーは中学での三者面談が初めての経験で、机の角に額をつけて顔を隠して硬くなって震えていました。先生の評価の意味がたぶんわからなかったと思います。ツーにとって七七点はこの点数以外の何者でもない、他の教科より何点良かったとか悪かったとかの意味しかもたないでしょう。

とママは言いました。私は、ママに次のお願いをしました。

お母さん、先生が言ってくださったことの意味を、後でツーちゃんに説明してください。宿題や自主勉強を真面目に継続的にやり続けると必ず結果が出ること、しかし一般的に言ってサボらず学習を続けることはとても難しいということ、こういうことがで

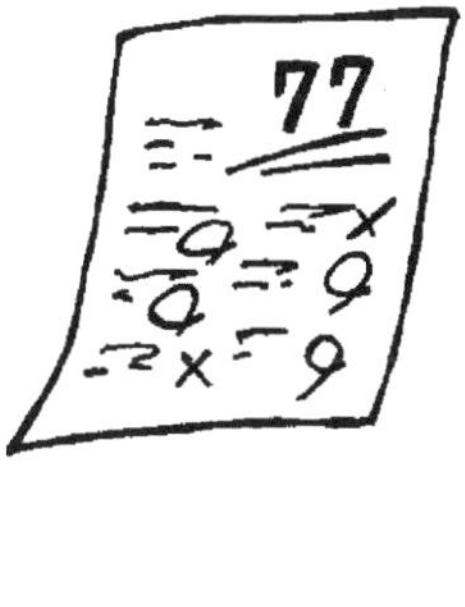

きたツーちゃんに先生が感心されたこと、なかなかできないこのような特徴をツーちゃんがもっており、それは素晴らしい特徴であること、これらをツーちゃんに伝えてほしいです。

ママから次のような反応がありました。

先生に言われて気がつきました。英語の先生が、「授業に出ていない生徒には少し過重かなと思える宿題をツーちゃんにわたしますが、必ずすべてやってきます」とおっしゃっていました。普通の生徒と同じ扱いで要求をされる先生にツーはしがみついていくのです。振り返って考えると、私が途中で指導をストップした教科や、常に緩やかな課題を出されている教科は低い点数でした。ツーは求められた以外のことは何をやってよいかわからないのです。だからその時点で止まってしまいそこまでの結果しか出ないのではないでしょうか。

普通に要求するとできるかもしれないのに、「特別クラスにいる発達障害で不登校の生徒」という私や周囲の意識が、ツーを特別扱いしていると思いました。

私が言いたかったのも母親が言ったことと同じです。発達障害はさまざまな障害を含んだ用語です。たとえば知的に障害があれば、その生徒の知的能力を考慮した課題を提供することが大事です。知的障害がない発達障害であれば年齢相応の課題の提供が必要です。ただ障害によっては、理解の仕方や解決方法の選択や答えの表現に障害に由来する特徴を示すかもしれません。支援しなければならないのはこの点です。課題内容のレベルを下げることではありません。

一昨年度から特別支援教育が開始され、いわゆる軽度発達障害の子どもたちが通常のクラスのなかで教育を受けるようになってきました。軽度発達障害という用語を、文部科学省は基本的には使用しなくなり、代わりに発達障害という用語の使用をすすめています。発達障害という概念はきわめて大きなくくりであり、この用語を用いて軽度発達障害圏の子どもたちをイメージするためには、発達障害の特徴に詳細な但し書きを付加しなければなりません。私は、軽度発達障害を発達障害と表記することには違和感を覚えます。はっきり言えば反対です。子どもは等しく教育を受ける権利があり、発達障害児も健常児と区別すべきではなく、発達障害のなかでも区別や種類分けをするべきではないという教育的配慮は理解します。しかし、障害のもつ特徴を明確にして、特徴にあった治療教育の方向づけをすることは差別ではありません。教育現場における「気になる子ども」という表現と同様に、「発達障害」は問題の焦点を曖昧にしてしまい、子どもたちが真に平等な教育的支援を受けることを難しくしてしまうと思います。

日常生活のなかで、平等とはなんだろうかを時々考えます。辞書によれば、「すべて等しいこと、差別がないこと」と書かれています。差別とは「違い」「けじめ」のこととも考えられます。教育の場において、発達障害児が障害をもたない子どもたちとまったく同じ対応をされないことに関して、差別だという意見を聞くことがあります。同じ教育環境で同じ課題で同じ指導方法で教育を受けることが、はたして本当の平等でしょうか。対応や援助の「違い」は差別でしょうか。平等とは、人間としての優劣をつけず、存在としての差別をしないことだと思っています。この点を間違わなければ、教育的対応の「違い」はあって当然のことで、なければむしろ困ることだと思います。

五　私は発達障害児を生んだのだ

その子にあった心理・教育的環境をつくるだけのこと

ママからのメールです。

　ツーには自閉症の三つの特徴が明らかに存在すると確認する機会が多くなりました。そこそこ学力もあり、生活もできてはいるものの、この子は紛れもない発達障害であり、発達障害児を私は生んだのだ…と深い思いに到りました」「発達障害と初めて診断されたときのショックとは違い、今は深い思いです」「最近、ツーは自閉症ということに関して、どうせ自閉症だから…と後ろ向きの姿勢です。親の状況に連鎖してしまうのでしょうか。私に気を使って、家のなかにいることが負担のようです。

今日、面接室でのツーちゃんとの対話です。

ツーちゃん「不登校が続いています」

五十嵐「そう。それで?」

ツーちゃん「来年もこの状態は続くと思います。家族も同意してくれています」
五十嵐「じゃ、中学を卒業するまで学校には行かないのね」
ツーちゃん「あと二年は自分のペースで頑張ってみて、高校のことはまだよくわからないけど、東京に自閉症児の学校があったら入るかもしれない」
五十嵐「自閉症児の学校があるの？」
ツーちゃん「わかりませんけど…」
なんだかいつもと違う雰囲気です。
五十嵐「学校に行かないで家にいるときは何をしているの？」
ツーちゃん「午前中は勉強して、午後は自由にします」
五十嵐「たとえば？」
ツーちゃん「本を読んだり、物を作ったり、ゲームをしたり、手伝いをしたりです。外には出ません」
五十嵐「散歩とかしないの？」
ツーちゃん「散歩したいができない。不登校なので…皆が学校に行っているので…近所の人のうわさ話というのがあるからできないです」
五十嵐「私が知っている不登校だった中学生のなかには、単位制や定時制の高校に入って卒業した人が何人かいます。普通に高校に入った人もいます。途中で留年しそうになったり、転校したりなどいろいろあったけど、卒業して仕事に就いたり、進学して学校に通ったりしています。だから、いま不登校だからって将来も変わらないというものではなさそうよ。自閉症だからってものでもないし…ね」

今日は母子ともにしんみり傾向です。発達障害で自閉症なのだと、二人とも深いため息まじりに言います。以下はお二人への私のメッセージ。「だからどうなの？」「視力が弱いです。近視です。…だから？だからメガネをかけましょう。そういうことですよね」「障害の理解と補填をして、それ以外は普通に対応することですね。よしよしはしないのですよね」。

今、季節は初冬をむかえています。来年の就学に向けての就学相談が各所で行なわれています。発達障害児の保護者にとって悩み多い季節です。五歳現在の知能指数がボーダーライン上にある高機能自閉症の幼児は、就学相談で特別支援学校をすすめられました。この子どもは、言葉の発達が遅く一年前からようやく二、三語文が言えるようになりました。最近の数か月間で言葉の使用は著しく発達していますが、まだその使い方は不十分で一方的であり、言語コミュニケーションには困難があります。しかし、獲得した言葉を健常児の集団のなかで使って対人的相互関係を経験していくことにより、認知の発達が進み、おそらくあと一年もたてば語彙数もさらに増加して言語コミュニケーションはもっとスムーズになると思われます。発達障害児であるけれども、現在の発達的変化を促すために通常学級で発達経過を見たいと思われるケースです。

中学校一年生・二学期

乳幼児期に発達障害を指摘され、その後の発達が上昇過程にあるものの、幼児期から学童期にかけてはまだボーダーライン上の知能指数であった発達障害児で、通常の小学校に入学して以降の数年間で飛躍的な発達を遂げた例を何人か経験してきました。いわゆる軽度発達障害の範疇にある発達障害児については、乳幼児期からの発達の過程を丁寧にたどり、現在の発達と重ね合わせて発達の特徴を明らかにして、今後の発達を推しはかり、その子の発達を促すために最も適切な心理・教育環境を提供しなければなりません。「その子にあったメガネをつくること」、これが発達障害に関わる専門家の重要な仕事の一つです。A君も、Bちゃんも、C君も、そしてツーちゃんも、三歳のときには言葉の発達が遅く、あるいは言葉の使い方が奇妙でコミュニケーションが困難であり、おとなや子どもとの関わりがうまくいかず、たびたび大パニックを起こして泣き叫んでいました。しかし今では、それぞれに多少の適応上の努力を必要としながらも、通常の小学校や中学校で同年齢の児童や生徒とともに学んでいます。幼児期には決して軽くはない知的遅れがあるとみなされても、幼児期後期から学童期以降にかけて認知発達の加速が起こって健常域に入ってくるような子どもたちを、私たちは見誤ってはいないでしょうか。この子どもたちに最適な心理・教育環境を提供しているでしょうか。ママとツーちゃんのため息が私の反省材料になりました。

六　不登校の理由

苦手なことでも倒れるほどに頑張ったために…

今日は小児科クリニックで、ツーちゃんのママと情緒学級の担任であるU先生に会いました。昨年の一〇月ごろから不登校状態にあるツーちゃんに、家庭や学校で三学期の対応をどのようにしたらよいかを相談するためです。前日まではママと先生の二人で来る予定だったそうです。今朝になって、ツーちゃんが、久しぶりに小児科クリニックに自分もいっしょに行きたいと言ったので、ツーちゃんをともなって来院されました。ツーちゃんとの面接予定はなかったので、ママたちとの面接の間、ツーちゃんはプレイルームで遊んで待っています。

ここへ来る車のなかで、どうしてクリニックに行くの?とツーが聞きました。三歳前からいろいろできないことや困ることがあって、小さいころからクリニックで相談や検査をしてきたことを話して聞かせました。こんなこともあった、あんなこともあった、こういうときにはどうした、あのときはこうだった、など昔の話をしたらびっくりして、「ふーん、私ってすごいおばかだったんだ！ママ困ったでしょう？」と聞くのです。幼児のころのことを全然覚えていないようです。「ママもパパも困ったり心配したりしたけど、いろいろな人が助けてくれたの。ツーちゃんも、幼稚園のときにはK先生に、小学校に入ってからの一年生から三年生まではL先生に、四年生から六年生まではI先生に助けてもらったね。先生達がいろいろツーちゃんのために考えたり工夫したりしてくれた。だからツーちゃんの困っていることが困らなくなったり、できないことができるようになって、今のツーちゃんがいるのよ。幼稚園や小学校を卒業して中学生になれたの。その間ずっと、クリニックで小児科の先生や五十嵐先生といっしょに相談してきたの。ツーちゃんやママや先生方にとって、クリニックはとても大事な所なの」と言って聞かせました。こんなふうにこれまでのことを話したことはなかったですね。そして、娘が以前の私の大変さに共感してくれたのが、不思議と言うか嬉しいというか…。今だって不登校で大変なんですけど、以前を思うと発達したんだと思います。

この話をU先生はじっと聞いておられて、次のようなことを話されました。

中学一年生の彼女はとても頑張っていたんですね。一学期の開始から遅刻も欠席もなく、授業や課外活動や学校行事にもしっかり参加して、お友だちや教師との関係も良好でした。だから、入学時にいろいろとお母さんが心配なさって、教育委員会や学校と相談を重ねてこられたのは、お母さんの過保護ではなかったかという感想が出たほどでした。夏休みが過ぎて、一〇月の運動会の全体練習にもしっかり参加しました。運動会当日も、一年生の種目すべてに出ました。そして、運動会が終了して家に帰る途中で倒れてしまったのですね。

以下は先生とママのお話のまとめです。ツーちゃんは、帰宅途中の公園の地面で倒れていたそうです。周囲の人からの知らせで母親が駆けつけると、気がついたツーちゃんは何の騒動が起こっているかがとっさにわからず泣き出しました。母親がわけを話すと、「ママ、私はおうちに帰らなければいけません」と言いながら、手を交互に地面について体を引きずり虫が這うように前進しようとするのです。不登校はこの事件の後に始まりました。先生と母親は、ツーちゃんが気を失って倒れたと言っていました。私は、もしかして眠りこんでいたのではないかとも思います。

小学校時代には信じられないことでした。だって先生、ツーが運動会で二人三脚やムカデ競争をやったんですよ。自分の足と他の人の足を結んで、肩を組んだり前の人の背中にくっついたりするんですよ。ご存知ですか?

知っていますよ、ママ。二人三脚が、ムカデ競争が、どんな競技か。他の人と手足や体が触れたりすることは、ツーちゃんにとって感覚的にいかにいやなことか。だからママがどんなに驚いて感激したかも…。

中学校一年生・三学期

今振り返ると、本人の一年間分のエネルギーを使い果たしてしまったのではないかと思う、と先生と母親は言っています。小学校時代の不登校は、状況の理解ができず、みんなのなかでどのように話したり行動してよいかがわからず、自分の行動以外のやり方が見つからず、戸惑って苦しくてクラスに入れなくなりました。中学校では、自分がやるべきことがわかっていて、みんなと同じ方向に行こうと頑張るのですが、事柄によっては、ツーちゃんは膨大なエネルギーを費やして彼女のスイッチを切り替えなければならないのです。私たちにとって気にならないことが、とても気になり、あるときは苦痛です。幼いときから、本人の日常生活を過ごしやすくするために必要な事柄に関しては、逃げるのではなく慣れて乗り越えるように指導と教育を受けてきたので、ツーちゃんは逃げてはいけないと思っています。だから今回も、学校は休んではいけない、怠けてはいけない、苦手なことでも頑張らなくてはいけない、と倒れるほどに頑張ったのでしょう。

子どもの障害に関連する苦手なことや困難をよく知って、子どもが生活するのに最小限度必要な基本的行動は獲得させましょう、とこれまで母親に話してきました。今もそう思います。ひどく矛盾することを言うようですが、これからは、さらに自分らしく生活することもよいのだと母子に言わなければなりません。スイッチを切り替え続けてこの年齢になったから、本人と母親に伝えたいことです。本人の特性を本人自身が知り、得意なことをを生かして、不得意なことをなだめつつ、自然体で生きやすい方向を探ることです。

「ツーちゃん、ご苦労様なことですね」とママは苦笑いです。

七　二年生からは通常クラスに

二年生に進むにあたって、ママはツーちゃんの在籍級を通常の学級に変更するほうが本人に適切ではないかと考え始めました。ツーちゃんは、

週に一回学校の特別クラスに行っている。他の生徒と同じ進み方で家や塾で勉強している。でも最近楽しいことがなくなった。自分が好きなことをやってもあまり楽しくない。不登校で友だちや他の人と関わりがないから。

と述べています。マイペースが得意だったツーちゃんなのに。

この一年間で、過去にツーが蓄積してきたばらばらの知識がまとまって、周りが見え、自分が見え、ぐっと伸びました。おとなが主ですが対話できる人がふえました。ラジオの内容をよく聞くようになりました。これまでは音をうるさがっていたのに…。「ごく普通の人です」、中学一年生になって初めてみんなの世界に入ってきた。

だから、今こそ通常の学級の学校生活が必要なのではないかとママは言います。私も同感です。しかし、在籍級の変更については、学校側は大反対です。障害児はすべて、どのような障害であろうとも平等に、堂々と支援学級で支援されるべきであり、親の見栄のために子どもの適切な支援を奪ってしまうのはおかしい、と非難されました。この考えには、障害があることを堂々と胸を張って生きてほしい、という学校の先生方のツーちゃんへの願いがあると思います。障害児教育全般に関する先生方の考えはよくわかるのですが、でも、ママにも私にも引き下がれない理由があります。申し訳ないのですが、「通常の学級に移行すると支援が受けられなくなる」という忠告も振り切って、状況は今と変わらないけれども（つまり、情緒障害学級を離れるが、通常の教室にはまだ入れないので別の空き室に登校する）在籍級を変えていただくことになりました。情緒障害学級の先生の支援は受けられなくなり、代わって通常の学級の先生が担任となります。私たちは、変更の決定に先立って、教育委員会や学校から「本人の育ちを促す支援として通常の学級の在籍がどんな意味を成すか」について問われました。また、学校長への本人自らの「願い出」を求められました。たぶん、教育者として、本人を無視したママと私の強要ではないことを確認されたかったのだろうと思います。私たちは、本人の「願い出」はツーちゃんにとって負荷が大きいと思いましたが、ツーちゃんは教室で次のようにはっきり伝えました。

自分は一年間、〇〇教室（情緒障害学級の名称）にいました。やさしいU先生の指導のもとで一年間過ごしました。その結果、二年生からは自分は○○教室の生徒ではなく、みんなと同じ学級のなかで過ごすほうがあっていると思いました。二年生からはみんなと同じクラスの一人で勉強させてください。

かつて、学校の三者面談では緊張して言葉が出なかったツーちゃんです。校長はじめ先生方の前で、自分の考えを自分の言葉で（練習もしないで！）こんなにしっかりと言えたことが、ママと私が、なぜこの時点で通常の学級への在籍変更を願っているかを明らかにしてくれています。通常学級でツーちゃんの担任になる先生は、「この子はしゃべれるんだ！」と率直に驚かれたそうです。

こうして、ツーちゃんは二年生から通常の学級に在籍することが決まり、名前はない特別室（？）に本人が可能な回数だけ通えることになりました。

Ⅷ なぜ勉強をするのか

一　「わかるから楽しい」以外の勉強

ツーちゃんは特別室に週に一日から四日くらい行っています。週に何回か教科ごとに先生が来て教えてくれます。教室に入ってみないかとたびたび促されますが、それは少し苦手です。「周りの熱心さが有難いけどまだ負担になる」とツーちゃんは言います。定期テストでは総合成績が上位四〇人以内でした。とくに数学と英語が高得点でした。以下、ママの感想です。

一年前には、百点をとっても「なんで喜ぶの?」という感じで、「テストでよい点をとる意味がわからない」と泣いていました。最近は、ツー自身が将来行けるかもしれないと思っている美術大学の試験を受けるためには、地層のことやアルファ波や体育やその他本人が興味のないことも覚えなければならない…と納得しました。一年かかって周囲の価値観に近づきました。

国語の読解よりもさらに具体的にイメージできない用語や内容を、中学の教科のなかで学ばなければなりません。「わかるから楽しい」勉強以外の勉強をどうしてやらなければならないか、デザインとアルファ波が関係あるのか、苦手な体育は美術大学に行ってもあるのか、こういったツーちゃんの疑問が出されました。以降は私の答えです。

たとえば、あなたがジュエリーのデザインをするとします。デザインを考えるときには、直接関係あるデザイン画や色彩や製造技術の知識は絶対必要です。その知識は、本で読んだり、人から聞いたり、実際に手を動かしたりして獲得します。ひらがな、漢字、英語、読んだ内容を理解する力が要求されます。さらに、サイズを決めるためには角度や長さを測ったり計算したり実際に図形を描いたりする能力もなくてはなりません。使う宝石がどこで取れて、堅さがどれ位で、どんなカッティングに向くのかなどの特徴もしっかり知っておく必要があります。さらに、私がもっと重要だと思うことは、デザインを考えても考えても満足できる結果がでないときに、途中で投げ出さずに考え続けることができる能力です。自分の仕事に責任をもってどれくらい頑張れるか、このことは、仕事をして社会生活を送るうえでとても重要なことです。ちょっと考えると直接結びつかないような教科が、入学試験や入社試験で行なわれる理由の一つはそこにあると思います。いくつもの教科の勉強を、なかには苦手な教科もあるでしょうが、遠くの目標に向かって長い期間コツコツやれる力、いやなことや苦手なことや困難に負けない力を試されるのだと思っています。だから、美術大学に限らず他の大学でも、専門と関係ないように見える勉強を課している

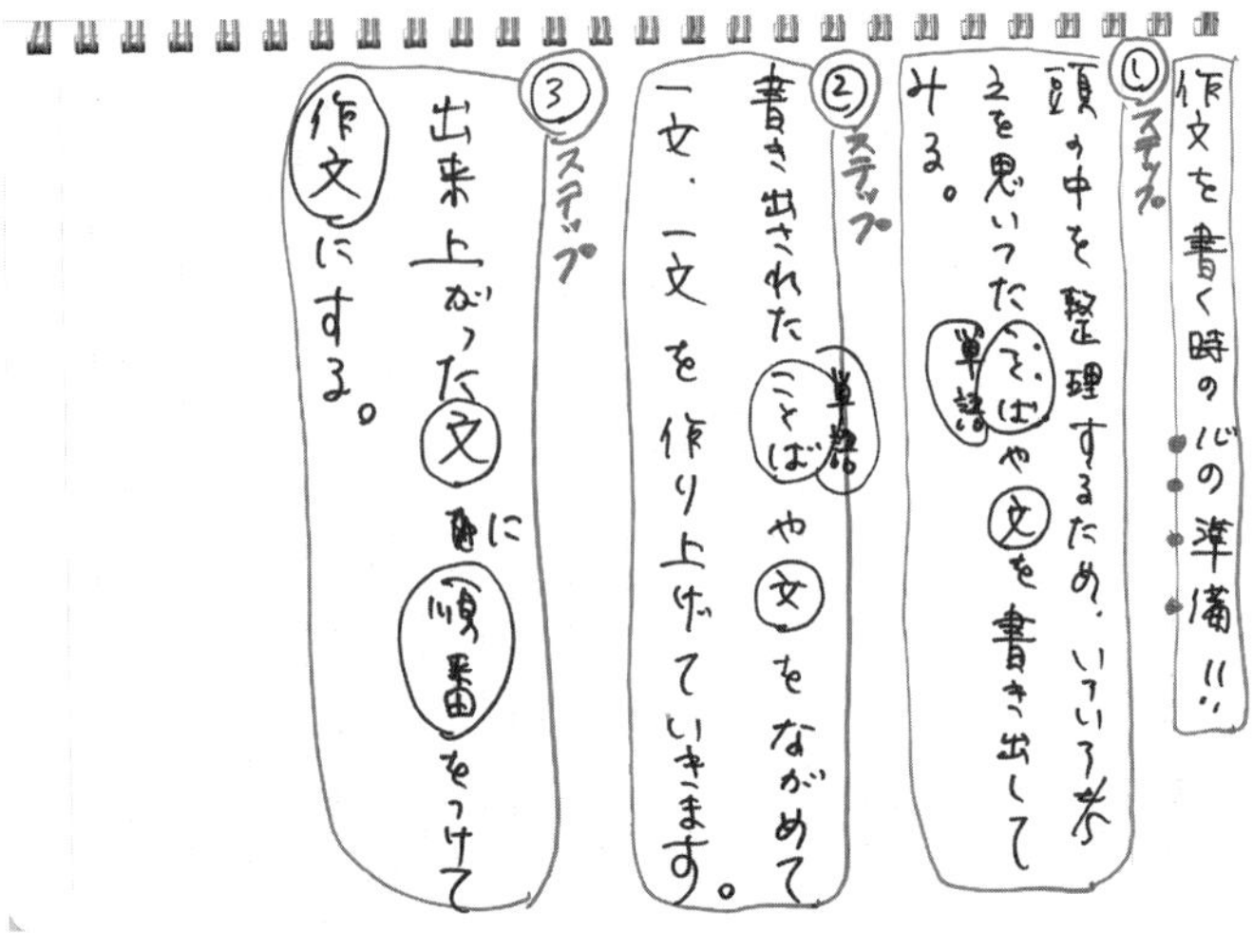
作文を書く時の心の準備!!
①ステップ
頭の中を整理するため、いろいろ考えを思いついたことばや文を書き出してみる。
単語
②ステップ
書き出されたことば（単語）や文をながめて一文、一文を作り上げていきます。
③ステップ
出来上がった文に順番をつけて作文にする。

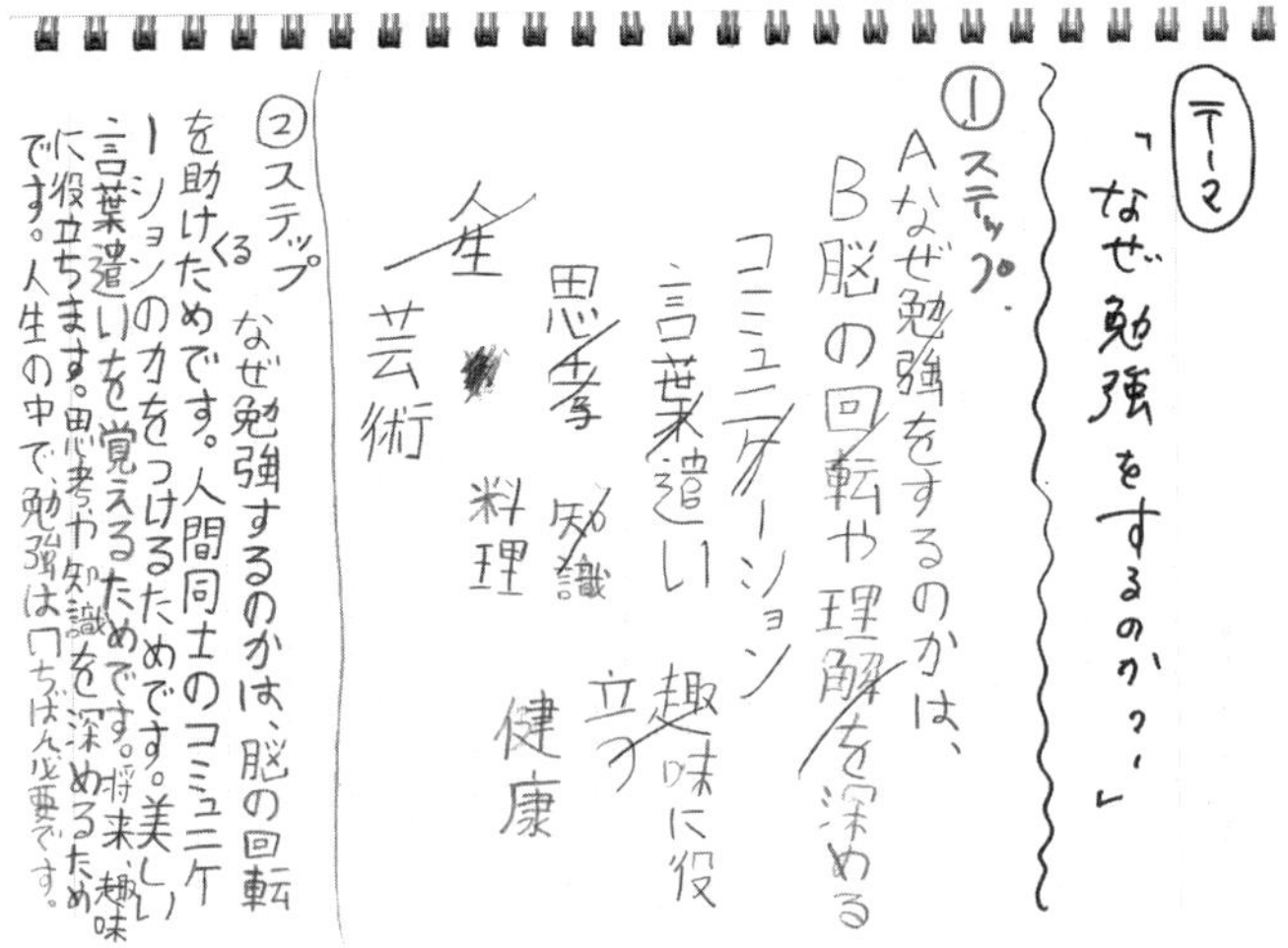
テーマ
「なぜ勉強をするのか？」
①ステップ
A なぜ勉強をするのかは、
B 脳の回転や理解を深める
コミュニケーション
言葉遣い
趣味に役立つ
思考
知識
料理
健康
芸術
②ステップ
なぜ勉強するのかは、脳の回転を助けるためです。人間同士のコミュニケーションの力をつけるためです。美しい言葉遣いを覚えるためです。将来、趣味に役立ちます。思考や知識を深めるためです。人生の中で勉強はいちばん必要です。

「なぜ勉強をするのか？」

のだと思います。これは、五十嵐先生の考えですけど…。

他の生徒だったら「お説教は結構！」と逃げ出しそうですが、ツーちゃんは真剣に耳を傾けます。そして、わかってくれます。なぜ、勉強が必要か、試験でよい点をとるということが本当はどんなことかを。

二　修学旅行のリハーサル、再び

昨年の暮れから少し面接の期間が空きました。それぞれが試験などで忙しくなり、ツーちゃんとママと私の日程調整が難しかったためです。今日は、久しぶりにツーちゃんとママに会いました。最近は、面接時にツーちゃんと話し込む時間が長くなっています。そのためママとの面接時間が短くなりがちです。今日も四〇分くらいツーちゃんと話し込みました。まったくお話だけです。何かを作ったり、描いたり、読んだり、遊びやテストの要素などを入れずに、面と向かって四〇分も対話ができるのです。視線がぶつかることが苦手なので、時々お互いに他に目を転じながら話しますが、ほとんど話が途切れることなく時間が過ぎました。いくつかの話題のなかで、一月に修学旅行の下見に京都に行ったことを話してくれました。ママと二人で京都に行き、修学旅行で泊まる予定の旅館と部屋を見せてもらったそうです。行く前に担任の先生が電話で旅館に頼んでくれたそうです。そして、いくつかの見学箇所を実際にバスに乗っ

たり歩いたりして、グループではなく個人で行く自由見学コースを決めました。

前回、自由見学コースのことをツーちゃんはとても気にしていました。「どこでもいいから自由に決めて見学しなさい」という課題は、他の生徒は一番張り切って考えることでしょうが、ツーちゃんにとっては難題です。「京都は行ったことがないのでどんなところかよくわかりません」「どうやって決めたらいいか、どこに行ったらいいか心配です」「やっぱり下見をしたほうがいいですか？」と悩んでいました。小学校の修学旅行のときと同様に、観光案内のパンフレットやガイドブックを読んでも、イラストや写真を見ても、実際に見学する場所やルートのイメージをつくりにくいようです。「何しろ『イチョウの木』の人だから。本人が実際にイメージしていることは事実と違っていることがあるので、その場に行って自分のイメージと違っていたら、きっと大あわてでしょう。とくに、行ったこともない場所で、しかも一人なので大パニックかもしれません」とママは苦笑しながら言います。中学生になったから下見は必要ないかもしれない、と言っていたママでしたが…「やっぱり行きます。実際に見てあらかじめ見学コースを決めたら一人でも不安がないでしょう。自分のなかで納得できると、ツーはむしろ一人のほうがしっかりして正確にやり遂げることができるのですから」。そうなのです。社会科見学の街歩きのときも、学校が決めた各要所地点で、一か所も抜かさずに到着場所と時間の電話連絡をして、先生方に感心されました。「今回もしっかり下見をして、ツーちゃんに見学ルートをつくってもらいましょう」ということになったのです。

先生に今度下見のビデオをお見せしますね。下見の日は小雨が降っていました。私はビデオを片手に、もう一方の手に傘を、バッグをけさがけにして、それはそれは大変ないでたちだったですよ。ツーは金閣寺をコースに入れたので、金閣寺に行くバスのルートから下見をしました。ビデオをまわしながら移動です。バス停では、バス停の周辺の目印になる建物を撮って「ここは○○バス停、右にはコンビニが、向かいには△△銀行があります。バスが来ました。後ろ乗りです。切符を取ります。お金は後払いのようです。準備しておきましょう。…（中略）…××ビルが見えてきました。金閣寺は次で降ります」「バスを降りて歩き出します。○○メートルくらい直進しました。道順が書かれた立て札が見えます（立て札も撮る）。これに沿っていけばよさそうです」。

ママは、映画撮影のカメラマンのように周囲の主な建物や目印を撮影しながら、解説を加えながら、雨のなかをツーちゃんとともに下見を続けます。ツーちゃんは、帰宅後このビデオを見ながら、自分が行きたいと考えていた見学箇所を入れてコースづくりをしました。

後日談です。

ツーちゃん「修学旅行はすごく楽しかったです。下見をしたとおりに金閣寺や二条城に行けました。下見に行ったのは正解でした。友だちと布団に寝転んで話しました。同じ部屋で友だちといっしょに寝るのが心配だったけど、大丈夫でした。お寺の見学が多くて、夜の座禅の体験のときはちょっと大変でしたけど…」

下見旅行のスナップショット

五十嵐「どうして？　お寺は薄暗いから？　先生は暗い所がちょっと苦手だけど」
ツーちゃん「それもありますが、座禅のときは静かで一言も口を聞かない空気に耐え切れない。息ができないっていうか、ああいう空気がちょっとパニックになりそうです」
五十嵐「そういうところはパスしたら？」
ツーちゃん「はい、座禅を始める前に、私だけ退散しました。ちょっとできないって」
五十嵐「そう、言えてよかったね」
ツーちゃん「わがままですかね？」
五十嵐「そんなことはない。ツーちゃんがそういう雰囲気が苦手なことを他のお友だちはわかってくれたんじゃない？」
ツーちゃん「そうみたいです。三日間とても楽しい気分でした。家に帰りたいとは思わなかった」
思い出に残る楽しい修学旅行だったようです。

三　教室に入れた

高校に入ったら教室で勉強するので、練習しないと…

私の携帯にママから連絡がありました。

先生！忙しいのにゴメン！でも一分だけ聞いてください。ツーが教室に入って勉強しているの！みんなといっしょに勉強しているの！男の子と肩を組んで「呼びかけ」の練習も、本人が一番苦手なことなのに参加しているの！すごいでしょう！嬉しくって電話しちゃいました。中学に入って一年半、小学校も入れると四年間も教室に入れなかったのに。「高校に入ったら教室で勉強するので、練習しないと…」と言っています。こんなことが続いて、ツーはいっぱいいっぱいにならないかって、嬉しいけれど心配です。

翌日、再び報告の電話がありました。

今日も一日、教室で勉強しました。小学校の先生だったI先生とL先生に知らせたら、お二人とも泣きそうになって感激していました。「不登校が続いたからといって、それが何年も続いたからといって、教室に入れないからといって、あきらめたり見捨てたりしてはいけないのだとわかった」って。

先生覚えていますか。ツーの不登校が続いて私がめげてしまって、このままずーっとこの状態が続くのか、いつまで家にこもっているのか…と先生に愚痴りました。そしたら先生はさらっと「高校に入るころには意外と普通に行っちゃってるかも知れませんよ」って言ったのです。なんでそう思うかってたずねたら「カンみたいなものです」と言っていたのが思い出されました。この時期に、本当にそのとおりになったのです。ツーが学校に行けないで家にこもり、でも生活だけは規則的にさせようとスケジュール表をつくって洗濯物干しからたたみ方まで家事を教え、勉強は学校と同じ進度で私が指導して、塾にも行って勉強してきたこの一年半、彼女は少しずつ力をためていたのだと思いました。あの時期があったから、ツーは今をむかえているんですね。

本当にそうですよね。年単位で変われるのです。変化が見えなくて、毎日の指導や活動がほとんど意味をもたないように思えても、日々の意図的はたらきかけは決して無力ではなく、数年後の成長発達へとつながっています。専門家だけではなく、保護者や教師や周囲の人々と連携した日々の創意工夫と関わりの継続が、時間をかけて本人の発達を醸し出すように思われます。今こんなことを続けていて大丈夫だろうか、とみんな不安になります。発達障害児の関係者が、見えない先に向かって子どもへの現在の意図的はたらきかけを継続できるように、これまでの事例から得られた臨床の事実を関係者に伝えることが、発達臨床の専門家としての私の仕事の一つだと思います。ツーちゃんの変化は、万に一つの奇跡ではなく、計画的な意図的な治療教育の結果なのです。

ママに言われて私は思い出しました。ツーちゃんが中学二年生だった年の暮れのころの面接で私に言ったことです。このころ、ツーちゃんと私は、将来どんな仕事がしたいかとか、高校進学はどうしようかなどについて時々話し合っていました。ビーズ細工が好きなので、宝石のアクセサリーをデザインする仕事がしてみたいと本人は言っていました。そして、具体的な高校名はあがりませんでしたが、「高校には行きたい」とはっきり言いました。それで、どの高校が適しているかについて今後検討していこうということになりました。そのときツーちゃんが私に確認するように言ったのです。

ツーちゃん「高校では教室で授業を受けないといけませんね。時間をかけて教室に入れるようになります」

五十嵐「ツーちゃんのように教室に入りにくい生徒に特別な対応をしてくれる高校も最近はありますよ。自分が行きやすい時間帯が選べる学校もあるし、無理に三年で卒業しなくてもいい学校や、通信教育だってある。義務教育と違うので、それぞれ高校の特徴があるから、選べばいい。行きたい学校がなければ進学以外の選択もできるし…。義務教育を終えると、きっと今より自由になるかもしれないね」

ツーちゃん「私は普通の高校に行きたいです。だから、高校に入る前に少しずつ教室に入る練習をしておいたほうがいいと思います」

五十嵐「そうね。授業はちゃんと教室で受けなさいという方針の学校を選んだら、そのルールに従わないとね。これから少しずつ教室に入る練習ができるといいね」

このときは、いつか教室に入る練習が開始されるといいのだが、という願望レベルでした（少なくとも私は…）。しかしツーちゃんは、もっとはっきりと目標を決めていたのでしょうか。「三年生から教室に入る！」と。「最近ツーは、すぐ先生に電話をかけません。『私がこんなことができたら、五十嵐先生は驚くかな』と言い、次の面接日まで待ちます。先生の反応を楽しみにしているようで、嬉しそうな表情です」。ママは驚きと嬉しさでいっぱいです。

私もとっても嬉しいのですが、周囲の反応が大きいとツーちゃんも無理をするかもしれない。もしかしたらそのうち疲れが出てしまうかもしれない。お母さんがあまり喜んでしまうと、つまずいたときにお母さんもツーちゃんも二人ともつらいから、中位に喜びましょう。

とママには言い、心のなかでは「ツーちゃん、やったね！」と大喝采です。

四　私は「宇宙人」かもしれない

客観的に自分を見て語る

五月末になりました。ツーちゃんは普通に学校に行っています。学校に行ってクラスの仲間といっしょに勉強をすることで、一人で学習しているときとは違う気づきと深まりを発見したようです。ママによれば、「ツーは、教室で行なわれる授業の六割位は『自分のためにならない』と思っています。余談がわからないからです。でもあとの四割は『自分のためになるしおもしろい』ので真剣に聞いています」。

五〇分間の授業のなかには、導入部分や、これまでの知識の思い出しと確認部分があり、それからその日の本題に入り、最後のほうではまとめとクールダウンがあります。教師は、これらの要素をうまく配分して子どもたちの興味と意欲を持続させ、「あー、おもしろかった」「楽しかった」という満足と、「この次はどんなことを習うのかな」という次の授業への期待を子どもたちに抱かせて授業を終えます。このように授業のなかでは、一見すると「その日の本題」には関係なさそうな、しかし実はとても大事で本題よりもおもしろそうな「他の話」があります。ツーちゃんは、本題以外の「他の話」を状況と関係づけて理解ができないのです。「ためにならない」という表現はそういうことなのです。しかし、本題に導入するための周辺の話や、いわゆる余談が、その授業のなかでの本題とどのような関連性をもって述べられたかを説明してやると、「そういうことだったのあの話は！…そうなんだ！」と本人の腑に落ちます。そうすると、ツーちゃんには五〇分間すべてが、聞き洩らせないほどに興味深い時間となります。「ざわついた教室のなかで、雑音に耐えて、なぜ我慢しなくてはいけないの？」と表現された教室でのつらい学習時間が、たんなる高校への準備の意味だけではなく、本当の意味の学習への気づきによって、学習に向かっていく姿勢に変わります。

最近のママのお話です。

ツーは落ち着いてますます賢くなってきました。自閉症についての関心が高まって、その関心は、以前のような後ろ向きではなく、前向きの深い問いかけが出てきています。「自閉症は脳の病気ですか?脳についての話を聞いてみたいです」と言っています。でも、知りたいものの怖さ半分で、小出しに聞いてきている印象です。「五十嵐先生に聞いてみたら?」と言っておきました。また最近、「障害ではないけれど自閉症…」という表現を時々します。ツーのなかでは、「障害」という用語は一目ではっきりわかるような発達の困難をさしているのかも知れません。

「自分は自閉症のようだ。でも障害ではない」というツーちゃんの認識は、最近のツーちゃんの発達と無関係ではないと思います。周りの人の言うことがよくわからない、自分の思いが周囲に上手に伝えられない。どうしても不愉快な音や味や感覚があり我慢ができない、などのことがあり、自分は友だちと同じことができないと感じてきたのに、最近は、これらのことが困らなくなってきています。つまり、みんなと同じようにできることが多くなってきました。みんなと同じことができる、でもどこか違っている、その特徴は自閉症によく似ている、だから「障害ではないけれど自閉症」なのです。先の面接でツーちゃんは「最近、自分は宇宙人かもしれないと思います」と言いました。保護者のなかにはわが子なのに、他のきょうだいにない一風変わった理解しがたい言動がたびたび見られ、そのようすを「宇宙人みたい」と表現される方が時々おられます。ツーちゃんにこのことを話すと、

私はちょっと変わっていて、普通の子どもにないような特徴があって、普通の人にはあまり見られないような特徴なので…やっぱり宇宙人みたいと思います。

と言いました。ツーちゃんはしっかり客観的に自分を見て語るようになりました。ママが言う「賢くなった」の表現はこういうことではないでしょうか。

五　最近思うこと

ママからのメール

ママから長いメールです。件名は「最近思うこと」。

いつもいつもありがとうございます。
ツーの義務教育最後の一年がスタートしたからでしょうか?
小学校五年の五月以来四年ぶりで教室に戻れたからでしょうか?
一つの区切り!として考えていた修学旅行が大成功!に終わったからでしょうか?
きょうだいがそれぞれの学校を卒業・入学して落ち着いてきたからでしょうか?
いろいろなことが順調だからでしょうか?
何が要因?かはわからないのですが…。
私のなかでの緊張が崩れて自分のなかで張り詰めていた何かが?
へにゃへにゃに崩れてしまい、やる気?活気?パワー?が薄れてきています…。

ここまできたツーの育ちを大きく振り返り、やっとやっと理解できたのでしょうか?

それは、知的に問題がない状態であることがはっきり!理解できたことなのか?

自閉症でもアスペルガー障害でもなんとなくぼんやり…生きていけるかも???と、わが子の力を実感できた?からでしょうか?

もう、中学では教室に戻ることはできないだろうな…と漠然としたなか、あきらめていたのです。ね。こんな日がくるとは…正直考えたこともありませんでした。考える希望を抱くことをある意味、封印していたのだと思います。もちろん!大きな夢としては願望はあり続けていましたけどね…。

自己判断による自己コントロールや状況の乗り越え方を獲得し、力強く生きている姿には涙さえ、出てきてしまいます。

この義務教育を含む一二年間。

五十嵐先生から絶えることなく支援をいただき続けてきたこと。

大きな大きな安定と安心と指針を頂戴しました。

不安との戦いもあり、混乱もたくさんありましたが、五十嵐先生が、私やツー本人の心を支えてくださったから、ツーの困っていることへの共感と支援方法と支援グッズを惜しみなく提供することを考えることができました。

本当にこの出会いに感謝します。

中学校三年生・十五歳

五十嵐先生と出会えたのはS君のお母さんのおかげです。また、Y教授の存在も大きかったですね…。

とにかく。

ツー三歳ごろからの私の人生。

またツー本人の人生を五十嵐先生なしではありえなかった…と思います。

張り詰めてきた心が「休憩させて」と叫んでいるかのようです。

つまり、親の支援から少しずつ、離れていく時期で…。

少々親も親離れ子離れの試練と向き合い、わが人生を考えるように…と
神様から言われているのかな？？？と感じています（勝手な妄想です…）。

過保護の親と同じように考えられたら切ないですね。

遠くを見据えながら目の前を見ながら足元を見ながら必死に先読みをしながら「適切な支援」を求めて求めて求めて生きてきた一五年間。

もちろんまだまだ継続中ではあるのですが…。

わかってはいますが、一息。

つかせてもらってもいいですよね。

それくらいこれくらい。

教室に入れてみなさんといっしょに学習できることに「安心」というか「到達」というか

「達成」というか…これまで望んでいたことなのか?と自問自答してしまいます。

つまり、私もまったくの日本人で…。

周りの人間といっしょに、あるいは、同じことができることに、これほどまでに「嬉しい」という歓喜に満ちた思いになるとは…思ってもみませんでした。ウラを返せば、特性をもちながらマイノリティの範囲のなかにいることの大きなつらさを感じざるを得ない…わけですね…。

障害児の親をやらせていただき一五年。

実態のつかみにくい見通しの悪い軽度発達障害。

翻弄されまくり振り回されようやくようやく覚悟と決意のようなものがかすかに見えてきた?かのようです。

これからは当面。

高校受験を考え、就労するまでの居場所づくりに努力したいと考えています。

しかし!

こだわりが邪魔をして…。

テストのときに実力を出し切れない…のが現状です。

字を早く書けない。

テスト中に心のなかでパニックになる。

中学校三年生・十五歳

わかっていても最後までテストができない。
（時間配分ができない。字を書くのがかなり遅い）
などなど…。
知っていてもテストで実力を発揮することはかなり困難。
高機能自閉症児のかわいそうな点です。
評価されるチャンスがつくれない。
かなり学習面ではできるのに
ご苦労を背負って生きています。
やれやれ…です。
でも、そこに親は執着することなく、
ツー自身の姿を見つめることができるようになってきました。
だから、それなりに、生きやすい高校を選択してあげたいですね…。
（B県は高校が少なく…選ぶほどいい高校はないのが現状ですが…トホトホホ…）
とにかく。
これからもよろしくお願い致します。
私も力を貯めてツーを自立させて…。
さらにこの軽度発達障害の子らにとって力になれることを考えていきたいです。

私の残りの人生をそこに…。

就労支援を考えていきます。

また…

東京に行きますね。

ＹＭより
ママに神様は「少し休んでいいよ」とおっしゃると思います。ママが休みたいと思うなら…ね。でもやっぱり、ツーちゃんのママは決意表明をしています。発達障害児・者は、支援が長ければ長いほど予後はよいと聞いています。私たちがこの世に存在する限り、ツーちゃんの伴走を続けましょう。ツーちゃんが「もういいよ」と言うまでは…。神様が「もう終り！」って告げてくださる日まで。

中学校三年生・十五歳

おわりに

ママとのやりとりを中心に、最近はツーちゃんとの会話の部分も少なからず加わっている私の原稿ですが、ようやく書き終えるめどがたちました。

やっと原稿を書き終りそうです。ツーちゃんとママに読んでもらいたいです。

と言うと、ツーちゃんはとても柔和な微笑を浮かべて、

先生、私コメントを書きます。

と言いました。

ツーちゃん「本屋さんに並ぶのですか?世界中の人が?読むのですか?たくさんの人が読んでくれるといいですね。実はこの子は私です…って言っちゃおうか?」

五十嵐「日本語で書いているから世界中の人は読めないけど、日本の多くの人が読んでくれるかもしれません。ツーちゃんの希望だから、匿名でわからないように書いたけれど、これは自分のことです…と誰かに言ってもいいのです。原稿を書き始めてから時間がたっているので、ツーちゃんの考えもそのときと変わってきているかもしませんから」

ママからは最近こんな話がありました。

先生、最近はツーに裏切られています。裏切りの連続です。「きっと大変だろう、やれないだろう」とみなしていることを、母の予測や心配をよそに次々と難なくこなしています。他の生徒と協力して学園祭の準備をし、暗くて音量が大きい体育館での練習も、フォークダンスの練習も、手をつないだり肩を組んだり、苦手なことの連続なのに…。

昨日は高校の体験入学がありました。五年ぶりで授業参観をしました。しっかり授業を受けていて、後ろから見ていてツーは「普通の子」でした。支援された子どもの義務教育最後のスパートだと感じました。

この数年、脳研究ブームです。画像研究が進んで、これまで想像されていても実証できなかったさまざまな脳の形態や機能の実態が明らかにされつつあります。最近読んだ自閉症関連の論文のなかに次のようなことが書かれてありました。脳の容量の変化を指標にして、自閉症周辺にある発達障害児の病的過程を検討した結果、自閉症周辺の子どもの脳発達は乳児期前期までに病的過程は終了し、その後は修復過程に入ると述べられています。これらの発達障害は治癒しない疾患ではなく、発達の早期から治療教育的な支援によって修復を目指していくことが可能である…と指摘されています。

いわゆる軽度発達障害児の基本的障害は、その生涯にわたって大きく変化しないという従来の考えが変わろうとしているのでしょう。

追記

三月、私が本書の再校正紙を受け取った日、ツーちゃんは第一志望である公立高校の入学試験に合格しました。

発表の日、会議のためにマナーモードに切り換えておいた私の携帯電話に、ツーちゃんのママからの着信履歴がありました。折り返してかけた呼び出し音が鳴っている数秒間、私は胸がドキドキしました。「こんなドキドキを前にも経験したな…」と思いました。今からずっとずっと昔、私自身の入試結果の知らせを聞く直前に経験したドキドキでした。

「もしもし、五十嵐です」

「ツーです。先生、私、合格しました」

ツーちゃん、ママ、おめでとう。

五十嵐一枝

白百合女子大学文学部教授
白百合女子大学発達臨床センター長

【略　歴】

金沢大学教育学部卒。

日本女子大学大学院修士課程（児童学専攻）修了後、東京女子医科大学に小児科児童心理相談員として二〇〇一年まで勤務。大学附属病院における心理臨床とてんかん児の認知発達障害の研究を行なった。

二〇〇一年四月より現在まで、白百合女子大学文学部（発達心理学専攻）教授、二〇〇二年四月より二〇〇六年三月までおよび二〇一〇年四月より現在まで同大学発達臨床センター長を兼務。広汎性発達障害、ＡＤ／ＨＤ、ＬＤなどの発達障害を中心に、臨床研究と大学院生の講義、実習指導を行なっている。

学位　医学博士（「てんかん児の再生記憶」東京女子医科大学）

専門領域　発達臨床心理学

臨床心理士

【著書他】

『子どもの発達と保育カウンセリング』（共著）　金子書房　二〇〇〇年

『脳とワーキングメモリ』（共著）　京都大学学術出版会　二〇〇〇年

『発達障害の臨床心理学』（共著）　北大路書房　二〇〇二年

『レクチャー心理臨床入門』（共著）　創元社　二〇〇五年

『軽度発達障害児のためのＳＳＴ事例集』（編著）　北大路書房　二〇〇五年

「知能テスト―ＷＩＳＣ-ⅢとＫ-ＡＢＣからみた軽度発達障害」　スペクトラムとしての軽度発達障害の臨床Ⅱ　現代のエスプリ四七六　至文堂　二〇〇七年

「発達心理学からみた発達障害」『「気になる子ども」へのアプローチ―ＡＤＨＤ・ＬＤ・高機能ＰＤＤのみかたと対応』　医学書院　二〇〇七年

軽度発達障害児を育てる

――ママと心理臨床家の4000日――

2010年5月30日　初版第1刷印刷
2010年6月10日　初版第1刷発行

定価はカバーに表示してあります。

著　者　五十嵐一枝

発行所　㈱北大路書房
〒603-8303　京都市北区紫野十二坊町12-8
電話（075）431-0361㈹
FAX（075）431-9393
振替　01050-4-2083

印刷・製本●創栄図書印刷㈱
写真掲載許可（P. 163）宗教法人　鹿苑寺
検印省略　落丁・乱丁本はお取り替え致します。
ISBN978-4-7628-2715-0　Printed in Japan